In knappen, literarisch pointierten Texten widmet sich der Autor alltäglichen Tätigkeiten. Die gedankenlose Selbstverständlichkeit, mit der wir ihnen oft nachgehen, bricht er auf, um sie wesentlicher und in überraschender Neuheit darzustellen. Er zeigt, wie wir achtsam und maßvoll mit uns und anderen, mit den winzigen wie den wichtigen Dingen des Alltags umgehen und so zu einer bewussteren Lebenspraxis gelangen können.

Martin Kämpchen, 1948 geboren in Boppard am Rhein, studierte in Wien, Paris und Indien. Er lebt in Santiniketan (West-Bengalen/Indien), Kalimpong (Himalaya) und in Boppard als freischaffender Schriftsteller. Zuletzt erschien «Ghosaldanga. Geschichten aus dem indischen Alltag» (2006). Er übersetzte Rabindranath Tagore, Shri Ramakrishna und Svami Vivekananda. Bei Rowohlt erschien die Monographie «Rabindranath Tagore» (rm 50399).

Martin Kämpchen

Einfach tun

44 Schritte zur Lebenskunst

Rowohlt Taschenbuch Verlag

Originalausgabe
Veröffentlicht im Rowohlt Taschenbuch Verlag,
Reinbek bei Hamburg, Dezember 2009
Copyright © 2009 by Rowohlt Verlag GmbH,
Reinbek bei Hamburg
Umschlaggestaltung ZERO Werbeagentur, München
(Foto: Peter Adams/Getty Images)
Satz DTL Documenta PostScript (InDesign)
bei KCS GmbH, Buchholz bei Hamburg
Druck und Bindung Druckerei C. H. Beck, Nördlingen
Printed in Germany
ISBN 978 3 499 62572 5

Inhalt

I

II

VI

VII

VIII

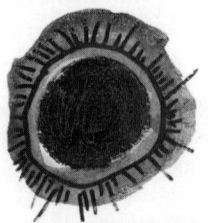

I

erwachen

Menschen in Europa wohnen weit vom Äquator entfernt und sind darum im Nachteil. Im Winter erwachen sie, wenn es noch Nacht, und im Sommer, wenn es schon längst hell geworden ist. Natürlicher ist es, stets bei Tagesanbruch zu erwachen und bald nach Einbruch der Dunkelheit einzuschlafen, anders ausgedrückt: vom Morgengrauen geweckt und von der Abenddämmerung in den Schlaf begleitet zu werden.

Der Lauf der Sonne ist wie ein großes Ziffernblatt. Wenn sie am Horizont erscheint, sagt die Uhr: Erwache! Wenn sie am Horizont gegenüber untertaucht, sagt die Uhr: Schlaf ein! Denn was ist natürlicher und zugleich großartiger, als wenn wir Menschen den Rhythmus des Kosmos nachahmen – besser: in uns nachvollziehen? Dann stützt der Kosmos unser Leben. Er vermag uns durch seine Unwandelbarkeit Sicherheit zu geben, wenn wir durch Katastrophen und Krisen aus unserer Lebensbahn geworfen werden.

Dieser Trost, dass es, wenn wir die Augen öffnen, um uns hell wird und die Sonne aufgeht, kann viel menschliche Qual mildern.

In Indien treten fromme Menschen nach dem Erwachen

ins Freie, um mit gefalteten Händen die rote Sonne am Horizont zu begrüßen. Für sie ist die Sonne das machtvollste Symbol des Göttlichen, das die Menschen mit ihren Sinnen erleben können.

Umgeben von dieser starken Präsenz von Licht wachen wir auf und schlafen ein. Dieses Licht leuchtet auf jede unserer Tätigkeiten, es begleitet unsere Bewegungen. Aus dem Dunkel unseres Schlafes erwachen wir in dieses Licht – das Licht wacht mit uns, stärkt unser Wachsein, beleuchtet unsere tätigen Hände und erleuchtet unsere Gedanken. Darum soll das erste Gefühl, das wir im Erwachen fassen, ein Gefühl der Dankbarkeit sein. Dankbar, wieder aufzuwachen, wieder an einem Schöpfungstag teilzunehmen. «Es werde Licht», heißt es in der Genesis. Dankbar, uns in diesem Licht neu geschaffen zu fühlen.

Mit dem aufgehenden Licht nehmen wir so jeden Morgen an der neuen Schöpfung teil. Gibt es eine beglückendere Weise, den Tag zu beginnen?

den Frieden wünschen

Wann ist die Welt wacher, gegenwärtiger, mehr sie selbst, als am frühen Morgen? Wann schwingt je ein größerer Optimismus in der Luft, als könnten wir noch einmal, alle Vergangenheit wegwischend wie die Kreideschrift auf einer

Tafel, neu beginnen? – Am Morgen eben, sehr früh. Der Schlaf hat die Eigenart, wenn er tief und ausreichend war, die Gefühle und Gedanken zu reinigen. Im Augenblick des Erwachens befinden wir uns in einem Zustand der Schwerelosigkeit – wir scheinen zu schweben. Wir leben in einer flüssigen Welt. Erst nach und nach fällt uns ein, welche Aufgaben uns erwarten, der Tag ordnet sich in unserem Innern mit seinen anziehenden und unangenehmen Tätigkeiten. Danach stehen wir wieder mit den Fußsohlen fest auf der Erde.

Das Dunkel der Nacht hat die Kraft, die Luft, die Farben, die Laute und Gerüche wieder frisch zu machen. Am frühen Morgen erleben wir die Natur wie erfüllt mit neuer Energie. Danach beginnen wir zu reden, die Menschen laufen, kaum Augen für die Welt, beschäftigt hierhin und dorthin – und das Frische welkt. Der Staub des Tages legt sich auf Natur und Menschen. Die Welt wird so schwer, dass ihr Gewicht auf uns drückt.

Was können wir tun, um uns die Frische des Morgens lange zu bewahren? – Dankbar nehmen wir die Welt und uns selbst wahr. Dann wünschen wir unseren Mitmenschen, der Natur und uns selbst jeden Morgen den Frieden. Wir segnen die Menschen und die Natur mit unserem Wunsch, dass sie alle den Frieden haben mögen.

Wir denken an die Menschen, die uns am liebsten sind, und wünschen: Der Friede sei mit euch! Wir sehen die Erde, die Bäume, die Wolken an und wünschen: Der Friede sei mit euch! Wir erinnern uns an alle Menschen, denen wir an diesem Tag begegnen werden, und wünschen ihnen: Der Friede sei mit euch!

Durch den Friedenswunsch bleiben die Menschen und

die Natur mit Energie und Kraft erfüllt. Sie bleiben sich treu, bleiben in Reinheit und Frische. Der Friedenswunsch, am Morgen ausgesprochen, wappnet uns gegen böse Überraschungen und bedrückende Erfahrungen. Im Frieden sein heißt: bei sich selbst sein, im Gleichgewicht sein, rein und kraftvoll bleiben. Wenn wir, den Friedenswunsch gegenwärtig, durch den Tag gehen, kann uns nichts wirklich verstören. Und sobald unser eigener Friede bedroht ist, finden wir Halt in dem Frieden der Menschen und der Natur.

vertrauen

Wir müssen Vertrauen einüben. Es gilt als modern, die meisten Dinge anzuzweifeln, zu hinterfragen, zu ironisieren. Skepsis und Misstrauen fallen uns leichter, als Vertrauen in die Menschen und in ihre Ideale zu haben. Es fällt uns leichter, unsere Enttäuschungen zu verallgemeinern als unsere positiven Erfahrungen, bei denen sich die Menschen und ihre Ideale bewährt haben. Unsere Klagen finden eher Gehör und Sympathie als unsere Anerkennung. Wie schade, dass wir uns oft dazu zwingen müssen, glücklich über das Glück anderer Menschen zu sein.

Wenn wir unfähig zum Vertrauen sind, berauben wir uns einer der elementarsten Lebenserfahrungen. Das Vertrauen ins Leben – in die Tatsache, dass wir lebendig sind und weiterhin leben werden – ist die Grundhaltung unserer Kindheit gewesen. Damals erschien alles lebensbejahend und kam unseren Bedürfnissen entgegen. Wir konnten essen und trinken, sobald wir danach verlangten. Wir wurden gestreichelt und umhergetragen, ohne es durch eine Leistung zu verdienen. Diese bedingungslose Liebe hat uns tief geprägt. Sie gab uns jenes Urvertrauen, dass das Leben wert ist, gelebt zu werden. Dieses Vertrauen ist tiefster Lebensgenuss. Er vereint uns mit der Schöpfung.

Wie kam es, dass uns dieses Vertrauen, als wir erwachsen wurden, verloren ging?

Der Feind des Vertrauens ist die Angst. Nicht die gesunde, respektvolle Furcht vor dem Höheren ist gemeint, sondern die irrationale, panikartige Angst vor dem Unnennbaren. Sie will uns die Lebensenergie abdrücken. Diese Angst schwitzt Skepsis und Misstrauen aus, sie überschwemmt uns mit pessimistischen Gefühlen. Sie flüstert uns ein, dass nicht Urvertrauen die Grundlage des Lebens ist, sondern Urangst.

Wir können diese Angst nur bekämpfen, indem wir das Vertrauen ins Leben einüben. Es tut not, sich täglich neu zu vergewissern, dass die Schöpfung *ist*: Die Sonne geht auf, die Wolken ziehen am Himmel vorbei, der Fluss fließt in die Richtung des Meeres, der Baum steht fest in der Erde verwurzelt, der Wind bewegt die Blätter, die Menschen spazieren auf dem Bürgersteig – die Schöpfung *ist*! Und wir sind inmitten der Schöpfung. Wir atmen in ihr, wir bewegen uns in ihr, wir schlafen und wachen in ihrer Mitte.

Früher hielt man einem sterbenden Menschen eine Feder unter die Nase. Bewegte sie sich, hieß das, er atmete. Wer atmet, lebt. Der Atem ist jene Tätigkeit, die unser Leben erhält. Am Atem erkennt ein geübter Beobachter sogar, wie wir leben; ob wir ruhig sind oder erregt, fröhlich oder deprimiert, geängstigt oder hochgemut. Wir atmen nämlich kurz oder flach, stoßweise oder tief, der Atem schwingt bis zum Bauch oder kehrt schon von der Brust zu Mund und Nase zurück.

Beängstigend ist, dass wir uns selten des Atems bewusst sind. Wir nehmen nicht wahr, dass wir atmen und wie wir atmen. Unsere Sinne bleiben nach außen gerichtet. Wir sehen und hören, wir freuen uns und sind traurig – und glauben, *das* seien die wesentlichen Manifestationen unseres Lebens. Aber elementarer sind unsere Atemzüge. Wer einmal keine Luft bekommen hat, kann das bestätigen. Zu atmen ist die elementarste Freiheit, an der wir Menschen uns erfreuen können. Gerade weil Atmen so elementar ist, weist es unmittelbar auf den Schöpfer hin, der – so die Genesis – dem ersten Menschen den Atem eingehaucht hat, damit er lebe.

Deshalb sollten wir uns morgens nach dem Aufstehen als Erstes unseres Atmens bewusst werden. «Ich atme – also lebe ich!» Uns erfüllt Dankbarkeit, dass wir atmen, dass wir weiterleben, Dankbarkeit gegenüber dem Leben und dem, der es geschaffen hat.

Das Einatmen und das Ausatmen in ständigem, gleichmäßigem Rhythmus begleiten uns den ganzen Tag. Ebenso vollziehen alle Rhythmen jenen Wechsel: von der Tätigkeit zum Ruhen, vom Empfangen zum Schenken, vom Sich-Öffnen zum Sich-Zurückziehen. Das kosmische Leben wandelt sich ständig von der Nacht zum Tag, vom Winter zum Sommer, vom Welken zum Erblühen.

Durch den Atem ist unser Leben in diesen Rhythmus eingebunden. Das Einatmen bewegt uns dazu, Energie zu schöpfen, uns zu erholen, gesund zu essen, zu beten, zu meditieren, nachzudenken, Musik zu spielen und zu hören. Das Ausatmen ermutigt uns, an der Welt teilzunehmen, uns an die Menschen zu verschenken, unser Lebenswerk fortzusetzen, für Gerechtigkeit und Frieden zu kämpfen, bereit zum Leid zu sein.

Wenn wir auf diese Weise durch unser Einatmen und Ausatmen bewusst am Leben teilhaben und dabei dem äußeren wie dem inneren Leben gerecht werden, beobachten wir erstaunt, dass wir beginnen, tiefer und regelmäßiger zu atmen. Dadurch werden sogar unsere Stimmungen und Gedanken maßvoller, verhaltener, weil auch sie durch den Atem gestaltet werden.

II

schreiten

Schreiten ist eingeübtes, bewusstes Gehen. Müssen wir dieses Einen-Schritt-vor-den-anderen-Setzen einüben? Das haben wir doch als Kinder getan und längst hinter uns. Achten wir darauf, wie ein Model über den Laufsteg oder ein Schauspieler auf der Bühne geht. Nämlich wie ein Athlet, der durch kalkulierte Bewegungsabläufe von Füßen und Beinen eine maximale Leistung erreicht. Schauspieler wollen zwar keine sportliche Bilanz, aber eine charismatische Wirkung. Durch einen minimalen, präzisen Einsatz von Mitteln erzielen sie eine Aussage. Charisma ist die Fähigkeit, eine Energie oder eine Idee, die im Körper, im Kopf und im Herzen lebt, unmittelbar und ungebrochen nach außen zu projizieren. Die Potenz eines Menschen wird klar und kraftvoll im Äußeren abgebildet und wirkt auf andere Menschen, die Dinge und die Natur ein.

Das charismatische Schreiten drückt Selbstbewusstsein, Stolz, Begeisterung, Schönheitsempfinden, Beherztheit aus. Es sind stets die gehobenen Gefühle, jene also, die sich unabhängig von Lebenszusammenhängen und Menschenumgebung oder trotz ihrer entfalten. Das Schreiten ist geradezu eine Feier unabhängiger Gedanken und Gesinnung. Der Kopf ist erhoben und blickt geradeaus.

Wer schreitet, arbeitet nicht.

Wer schreitet, sieht und beobachtet Horizonte.

Schreitende kennen das Maß ihrer Kraft. Sie wissen: Ich krieche nicht, ich fliege auch nicht. Schreitende sind weder auf der Flucht, noch fürchten sie, überholt zu werden.

Eine Frau in Berlin zeigte mir ihr besonders großes Wohnzimmer. Sie sagte: «Ich muß in meiner Wohnung schreiten können.» Das war für sie der Inbegriff würdevollen Wohnens. Zu schreiten bedeutet, dass wir freie, uneinnehmbare Räume um uns besitzen, sie nutzen und sie genießen. Freie Räume auszuschreiten ist eine besondere Art, Freiheit zu genießen, an der andere achtlos vorbeischlendern, vorbeihasten, vorbeimarschieren. Mit diesem Ausschreiten freier Räume nehme ich, für mich, die Welt sanft, aber bestimmt in Besitz. Mit diesem Ausschreiten freier Räume nehme ich in Besitz, gebe aber gleichzeitig wieder zurück, denn mir ist die Freiheit der Räume ebenso kostbar wie meine eigene Freiheit.

Treppen in einer Stadt sollten wir beim ersten Mal immer von unten hinaufsteigen. Dann betrachten wir von Stufe zu Stufe die Umgebung in einem immer weiteren Kreis. Der Horizont vergrößert sich, wir erheben uns über die Menschen auf der Straße, über die Fahrzeuge, über die Bäume, über die Strommasten und Straßenlichter, und schließlich schauen wir auf die Dächer und über die Dächer hinweg. In den Straßenzügen tief unten bewegen sich Scharen von Menschen, wir erkennen ihre Köpfe, aber kaum ihre Leiber. Schließlich sehen wir nicht mehr Köpfe, sondern Gruppen von dunklen Punkten, die gemeinsam am Straßenrand warten, stoßweise die Straße überqueren, wir sehen Autos, die sich fast lautlos bewegen, die neben und hinter anderen Autos fahren, anhalten und abfahren nach geheimnisvollen, geradezu geisterhaften Gesetzen.

Ein Wille scheint die Regeln der Bewegung aufzustellen. Wir erkennen die Harmonie der vielen Bewegungen so vieler Punkte – als sei die ganze Stadt, mit ihren Menschen, Autos, Straßen und Häusern, *ein* Körper.

Da stehen wir ganz oben auf der Treppe und schauen hinab, und dabei fühlen wir uns weit weg. Unbelastet schauen wir, wie unten in der Ebene die Menschen rennen und stillstehen. Sie glauben, jede Einzelheit, die sie tun, habe eine Bedeutung. Hier oben jedoch spüren wir keine Einzelheiten, sondern das Ganze.

Wir schauen nach unten, als sähen wir unser eigenes Leben. Wir werden ruhig. Es tut uns gut.

Danach steigen wir langsam, Stufe für Stufe, wieder abwärts, mit den Ohren lauschend und den Augen schauend, welche Veränderungen sich von Stufe zu Stufe ereignen. Welches Erlebnis, zurück in die brüllenden Straßen zu steigen, unter die Häuser und Bäume, unter die Autos und die Menschen. Bis hinab zum verwelkten Blatt am Straßenrand. Nie mehr wollen wir uns von der Unruhe überwältigen lassen.

Ich liebe die Höhe, doch ebenso köstlich ist die Nähe. Ich liebe den fernen Blick, doch brauche ich auch die Berührungen und den Atem und das Funkeln der Augen.

wandern

Im Alltag streben unsere Schritte nach bestimmten Zielen. Wir gehen, um etwas anderes zu tun. So haben wir wenig Gewinn vom Gehen. Doch wenn wir sagen «Ich gehe wandern», brechen wir aus Freude an der Bewegung auf. Wandernd kehren wir zum Menschsein zurück. Wir sind nicht Lehrer oder Kaufmann, Arbeiter oder Ingenieur, wir sind auch nicht Autofahrer oder Fernsehzuschauer. Kein Motor treibt uns vorwärts, keine Windschutzscheibe trennt uns von der Umgebung.

Wandernd erleben wir Natur und Menschen in dem Rhythmus, der ihnen angeboren ist. Fahren wir im Auto vorbei, sehen wir zwar die Gänse vor dem Bauernhaus, aber wir können nicht beobachten, wie sie vom Haus zum Garten watscheln, wie sie schnattern und die Hälse recken, wie sie phlegmatisch hintereinander hermarschieren. Vom Auto aus sehen wir nur Momentaufnahmen. Doch als Wanderer erleben wir gesamte Abläufe und Zusammenhänge, wir erleben Komplexes und Paradoxes. Momentaufnahmen sind kaum rätselhaft, Zusammenhänge sind es dagegen immer.

Wenn wir wandern, fühlen wir uns nicht dazu verpflichtet, noch etwas anderes zu tun, das die Zeit sinnvoll ausfüllt. Zu wandern, also die immer gleichen Gehbewegungen auszuführen, rhythmisch und mechanisch, das ist genug Sinn. Diese Bewegungen befriedigen unseren Drang nach Tätigkeit, aber sie stopfen unseren Kopf nicht voll. Beim Wandern bleibt der Kopf frei – frei, um zu beobachten, einfach aufzunehmen, sich an den Gestaltungen der Natur zu erfreuen. Die wieder vergessen, was sie gesehen haben, brauchen sich nichts vorzuwerfen.

Der Kopf ist frei, aber die Füße spüren Schritt für Schritt die Festigkeit der Erde unter sich. Die Füße solidarisieren sich mit der Erde – nur diese fortwährenden Berührungen im gleichmäßigen Takt machen das Wandern mit seiner Freiheit und seinen Erlebnissen möglich.

Das Wandern erfüllt sich erst mit der Zeit. Eine Stunde Gehen wird niemand Wandern nennen. Es müssen mehrere Stunden, mehrere Stunden ohne Unterbrechung sein! Dann erst fühlen wir uns mit hineingenommen in das Leben um uns. Wir sind weder Gäste noch Zuschauer. Die zunehmende körperliche Erschlaffung verbindet sich mit einer erstaunlichen Transparenz des Geistes, als wolle er sich – wie in einem Traum – vom Körper lösen.

Eine geschlossene Tür ist wie eine dunkle Wand – eine geöffnete Tür verspricht den weiten, vielgestaltigen Horizont.
Die geschlossene Tür lässt unsere Phantasie umherirren – die
geöffnete erlaubt ihr, auszuschwärmen und zu flattern, zu
tasten, zu hören und zu sehen, zu riechen und zu schmecken
und hinter jeder Sinneserfahrung immer neue zu erahnen.
Mag der Horizont noch so weit sein, irgendwas muss noch
dahinter liegen, das die Sinne nicht erreichen können und
das noch zu entdecken ist. Ist es nicht großartig, dass die Erde
rund ist? Nur so ist es möglich, dass die Horizonte immer
noch etwas verbergen. Auch aus der weitesten Perspektive,
etwa vom Mond, ist nur eine Hälfte der Erde zu sehen.

Eine Tür zu öffnen, ist erst der Anfang einer Reise, nicht
die Erfüllung unserer Sehnsucht. Je weiter wir reisen, Tür
um Tür aufstoßend, desto tiefer kann sich in uns ein Gefühl
des Ungenügens festsetzen. Desto bereitwilliger weichen
wir auf die Phantasie aus, um das Erlebte zu ergänzen. Aber
unsere Phantasie braucht immer neuen Stoff, an dem sie sich
entzündet. Sie brennt und sucht ständig Brennbares. Sie will
die wechselnden Horizonte, zumindest die Erinnerung an
geöffnete Türen und an die Überraschungen dahinter. Ge-
duld und Genügsamkeit sind ihr fremd. Wenn allerdings
die Phantasie zu heftig brennt, steckt sie uns in Flammen
und droht uns zu ersticken. Dann suchen wir erschrocken
das Geschlossene und die Windstille.

Wir leben in einem unentwegten und unentbehrlichen
Auspendeln zwischen dem Aufnehmen von Eindrücken

und dem Ausweichen in die Phantasie. Niemals bleiben die Waagschalen in perfekter Ausgewogenheit stehen, stets schwanken sie auf und nieder. Wir brauchen beides: die Tür im geschlossenen wie auch im geöffneten Zustand. Ist sie zu, wollen wir sie öffnen; ist sie auf, möchten wir sie nach einer Weile, überwältigt, zuschlagen. Immer wieder suchen wir die Geborgenheit des geschlossenen, dichtbegrenzten Raums, der uns vor der Grellheit der Welt schützt. Aber wir sind keine Embryonen mehr, bald drohen wir in unseren Höhlen zu ersticken und drängen hinaus.

Bei jedem Reisebeginn fühle ich mich von einer schicksalhaften Kraft vorangetrieben. Ich kann nicht anders, als weiterzugehen, vorwärts, immer vorwärts. Nach einigen Stunden jedoch verstehe ich wieder, dass ich mein Schicksal annehmen und selbst gestalten muss.

Wir sind von Geburt an zur Freiheit berufen. Es bedarf immer wieder der Überwindung, diese Erkenntnis in die Alltagstat umzusetzen und ständig neu das Auspendeln der Waagschalen zu versuchen.

Koffer packen

Was nehmen wir mit, wenn wir verreisen? Wer mit dem Auto wegfährt, hat es bequem: Der Kofferraum fasst viel, die Qual der Wahl bleibt mäßig. Doch wenn wir im Zug reisen, umsteigen und längere Wege mit dem Koffer am Arm zurücklegen müssen? Die Knie drohen einzuknicken, der Atem streikt auf der halben Treppe, im Gedränge in den Zug zu klettern, wird zur angstvollen Vorstellung. Dann überlegen wir: Was brauche ich eigentlich? – Dies nicht und jenes nicht! Wir brauchen eigentlich wenig und sind darüber erstaunt. Uns wird dabei immer leichter im Sinn.

Einerseits empfinden wir die vielen Dinge, die uns in den Wohnräumen umgeben, als angenehm und beruhigend und möchten uns nicht von ihnen trennen. Anderseits lasten sie auf uns, wenn uns quälend bewusst wird, wie wenige von ihnen uns wirklich erfreuen. So manches ist tot und liegt oder hängt, weil es immer schon da war, und bleibt dort aus Bequemlichkeit. Wenn wir jedes Jahr unsere Wohnung neu einrichteten, unsere Lebensatmosphäre neu schafften, wäre sie lebendig.

Es erfrischt, eine Zeitlang die Askese des wenigen, der freien Räume zu üben und einzig das um uns zu versammeln, was wir im Koffer mitnehmen können. Dieses wenige um uns macht wachsam, wir gebrauchen die Dinge bewusster. Erstaunt merken wir, wie wir es genießen, nicht wählen zu müssen, sondern auf dieses wenige angewiesen zu sein. Wir achten darauf, dass die Gebrauchsgegenstände funktionieren und nicht verlegt werden. Viel gezielter, viel liebevoller bauen wir eine Welt von lebendigen, sinnstiftenden Dingen um uns auf und erkennen uns selbst deutlicher als den Mittelpunkt dieses kleinen Kosmos. Keines der Dinge vergessen wir, sie behalten ihre unmittelbare Beziehung zu uns.

Dass wir mit so wenigen Dingen leben können, wie unser Koffer fassen kann – und sei es für eine kurze Urlaubszeit –, bekommt eine Bedeutung. Wir werden nämlich entschiedener als zuvor zu Verwaltern unserer Lebensumstände, wir werden unabhängig von dem Dienst vieler Dinge und vieler Menschen. Das schenkt uns eine innere Freiheit, die früher kaum vorstellbar war. Der Verlust an Wahlmöglichkeit und die Einschränkungen mögen uns zunächst als Verlust an Lebensqualität erscheinen – bis uns klar wird, dass uns nichts fehlt. Dann tun sich innere Räume auf. Nicht wählen zu müssen bedeutet Gewinn an Energie und Zeit für Wesentliches. Wer aus einem Koffer lebt, erhält ungeahnte Lebensperspektiven.

III

grüßen

Wenn sich zwei Menschen begegnen, suchen sie ein passendes Zeichen des Erkennens und der Anerkennung. Sie schütteln sich die Hand, sie fallen sich in die Arme, sie küssen sich auf die Wangen, sie grüßen laut mit erhobenem Arm oder schweigend mit zusammengelegten Handflächen. Die meisten Grußformen erlauben, dass sich die beiden Menschen berühren. Wie eng, wie lang, wie emphatisch sie sich berühren, drückt oft aus, wie gut sie sich kennen und wie sehr sie den Augenblick der Begegnung ersehnt haben. Je mehr Berührung, desto deutlicher ist der Gruß nicht mehr nur Symbol der Zuneigung und Freude, sondern schon ein Erlebnis der Begegnung und ein Ausdruck der Beziehung.

Inder grüßen mit vor der Brust zusammengelegten Handflächen. Sie stehen sich gegenüber und verneigen sich leicht dabei. Berühren sie sich also nicht? – Doch, auch die Begegnung der Blicke gilt als Berührung. Ein Strahl zwischen beiden Augenpaaren entsteht, der wie elektrischer Strom, wie eine magnetische Anziehung, wie ein Licht die beiden Punkte verbindet. Er schafft Berührung. Man *erkennt* sich durch diese Berührung, so wie die Jünger nach der Auferstehung Jesus Christus erst wiedererkannten, als er sie anblickte.

Die Japaner verneigen sich, die Handflächen auf die Oberschenkel gelegt, mehrmals voreinander. Dieses gleichzeitige Vorbeugen will gegenseitige Zu-Neigung und Verehrung beweisen. Berührung ist es nicht, aber ein Angebot harmonischen Zusammenseins.

Wie zart ist eine Umarmung mit Kuss auf die rechte und linke Wange. Die Lippen ziehen sich flüchtig zusammen und öffnen sich mit einem winzigen Knall in der Luft. Das In-den-Armen-Liegen ist dabei nur angedeutet, und dieses Luftig-Fließende ist anmutiger und hat mehr Ausstrahlung als manche förmlich ausgeführte Geste und kann dennoch ebenso ernsthaft gemeint sein.

Ein Händeschütteln kann man niemals nur andeuten. Es muss unabgekürzt, kräftig und entschieden stattfinden. Darum ist an ihm nichts Luftig-Anmutiges. Es macht die beiden Menschen für einen Augenblick gegenseitig zu Gefangenen. Kein Wunder, dass es aus dem ritterlichen Milieu stammt. Der Händedruck verpflichtet, mit ihm kann man Verträge rechtskräftig machen, aber ein Willkommensgruß der Liebe kann er niemals sein.

Zu loben ist schwieriger, als zu tadeln. An einem anderen Menschen etwas auszusetzen, fällt uns leicht. Wir müssen nur zwei Schritte zur Seite gehen oder eine halbe Stunde warten oder eine kleine seelische Verstimmung spüren, und schon ist, was uns zuvor tadellos erschien, zweifelhaft geworden. Eine gepflegte Frisur erscheint uns plötzlich eitel, ein gebügeltes Hemd wichtigtuerisch, ein schönes Lied kitschig, eine spannende Kurzgeschichte zu lang. Es gilt als ernsthaft, Kleinigkeiten zu bemängeln. Damit scheint bewiesen, dass man dem anderen genügend Zeit und Aufmerksamkeit gewidmet hat.

Wer jedoch immer nur kritisiert, an allem etwas aussetzt, wird am Ende nicht mehr ernst genommen.

Anderseits klingen Lobesworte leicht oberflächlich, oft wie eine Ausrede, wenn wir sie nicht ausführlich begründen. Ein solches Lob ist enttäuschend, es ermutigt nicht.

Wenn wir aber eine zur Anerkennung und zum Lob bereite Grundhaltung besitzen, hört man uns gern zu. Diese Grundhaltung zeigt sich darin, dass wir mit Sammlung und Anteilnahme zuhören und zuschauen, Fragen stellen und die Antworten abwarten. Dass wir dann das Gute und Lebensfördernde in jeder Situation erkennen und als Erstes aussprechen. Dass wir danach aber ins Einzelne gehen und erläutern, warum uns dieses gut und jenes weniger gut gefallen hat. Ein solches differenziertes Lob ist echt und überzeugt. Es benennt nicht nur die Sache, sondern bedenkt auch die Situation des Menschen, dem dieses Lob ausgesprochen wird. Wie können wir ihn weiterführen und fördern? Wie können wir ihn sogar durch ein gezieltes Lob aus einer falschen Selbsteinschätzung befreien? Differenziertes Lob enthält immer auch eine Kritik durch das, was wir nicht oder weniger lobend erwähnen. Bei alledem sollten wir uns jedoch unseres eigenen Urteils nie zu gewiss sein. Vielleicht stehen wir selbst im Bann von Illusionen und einer falschen Selbsteinschätzung?

Ein Lob enthält erst dann Substanz, wenn es das Gute des Lebens und das Gute der Schöpfung sichtbar macht. Hierin ist eingebettet und aus ihnen fließt das Lob, das ein Mensch einem anderen Menschen spendet. Darum soll es genau gegeben werden, sollen Sprechen und Schweigen mit Bedacht eingesetzt werden.

Ein Satz des Lobes kann ein Leben lang wirken; ein versäumter Satz des Lobes kann ein Leben lang hemmen.

fragen

Sind wir nicht bereit, die Antworten auf unsere Fragen aufmerksam anzuhören, sollten wir nicht fragen. Die fragen, nur um einen Akzent in ihrem Redefluss zu setzen, die fragen, um durch eine kleinlaute Antwort ihre Herrschaft über das Gespräch zu legitimieren, zu denen sollte man sich nicht an den Tisch setzen. Wir fragen, weil wir auf die Antwort neugierig sind. Wir fragen richtig, wenn wir eine Atmosphäre schaffen, in der sich die Antwort ungezwungen entfalten kann. Wir hören die Antwort bis zum Schluss an. Danach reagieren wir auf sie, anstatt die eigene Gesprächslinie fortzuführen.

Ich habe Gespräche erlebt, bei denen der andere redete und redete und zum Schluss, aus Höflichkeit, nicht aus Interesse, sagte: «Jetzt sag du einmal was.» Darauf finde ich keinen passenden Satz. Einerseits kann nach einem solchen Redeansturm keine einzelne Frage das Gleichgewicht wiederherstellen. Andererseits ist es beschämend, zu sprechen, nachdem einem das Wort erteilt wurde. Man wird zum Alibi des anderen, damit er sich nicht als Dauerredner schuldig fühlen muss. Diese Scham möchte ich ihm jedoch nicht ersparen. Wer mir dann am Ende seines Monologs sagt «Ich bin sehr froh, wir hatten ein gutes Gespräch», dem möchte ich in Zukunft aus dem Weg gehen. Ich will mich nicht missbrauchen lassen.

Fragen und Antworten sind leicht dem Spiel der Macht unterworfen. Der machtvollere Gesprächspartner dominiert gedankenlos, der andere hört gehorsam zu, weil er ja das Wohlwollen des Machtvolleren braucht.

Es gibt Ausnahmen: Wenn Menschen ein schweres Leid, eine innere Not mitteilen und sich im Sprechen erleichtern können. Oder wenn ältere Menschen sich von Erinnerungen oder von Ängsten überwältigt fühlen. Dann ist einfaches Zuhören und helfendes Fragen klug.

Fragen und Antworten geschieht unter Menschen. Sie sind ebenso wichtig wie die Ideen und Informationen, die sie austauschen. Beim Gespräch sollen wir den Partner nicht nur sehen und hören, sondern in seiner leibgeistigen Präsenz spüren. Wir führen ein Gespräch, um zu kommunizieren. Dabei erfassen wir Gemeinsamkeiten, spüren die «Chemie», die «Wellenlänge» des anderen. Die Erfahrung der Gemeinsamkeit im Gespräch beglückt uns oft mehr als der Zuwachs an Wissen und Meinungen. Dafür können wir ebenso Zeitungen und Bücher lesen. Wissen, das wir durch Gemeinsamkeit im Gespräch gewinnen, rückt in eine tiefere Bedeutung, es bleibt in uns eingeprägt.

streiten

Menschen, die zusammenleben und nie Konflikte austragen, sind mir verdächtig. Entweder gehen sie jedem Konflikt aus dem Weg, indem sie zu den alternativen Meinungen, die ihnen entgegengestellt werden, schweigen. Oder sie haben ein so oberflächliches und verschwommenes Leben, dass es keine Angriffsflächen für Konflikte bietet. Ihnen ist alles recht. Wer aber sein Leben bewusst gestaltet, muss beinahe täglich sagen: Nicht dieses will ich tun, sondern jenes. Nicht dieses will ich besitzen, sondern jenes. Darum sind Konflikte in mir und Konflikte mit anderen Menschen unvermeidlich. Ein Merkmal eines aufrichtigen und starken Charakters ist, diesen Konflikten nicht auszuweichen, sondern die Spannungen und die Reibungen in Kauf zu nehmen. Auch persönliche Feindseligkeiten und berufliche Nachteile sind unabwendbar. Der Ausweg wäre, feige unsere Überzeugung zu ignorieren.

Streiten heißt nicht, sich über ein Thema zu erhitzen oder einem Nachbarn, der letzte Nacht eine laute Party geschmissen hat, gründlich die Meinung zu sagen. Streiten heißt, um die Erkenntnis der Wahrheit zu ringen. Streiten ist darum nur ohne heftige Emotionen sinnvoll. Die großen positiven Gefühle ebenso wie die großen negativen benebeln die Urteilskraft. Darum sind Polemiken, auch wenn sie im Namen von Wahrheit und Gerechtigkeit geführt werden, ohne nachhaltige Folgen. Vielleicht rücken sie Tatbestände zurecht, doch bewirken sie keinen Sinneswandel. Wir lassen uns nicht gern öffentlich berichtigen, nachdem wir in die Enge getrieben worden sind. Es bleibt die Verletzung.

Erst seit einigen Jahren gibt es das Wort «Streitkultur». Streit wird dann zu einer kulturellen Aufgabe, wenn die Streitpartner das Feingefühl aufbringen, dem anderen die Wahrheit nahezubringen, ohne ihn persönlich zu verletzen und zu erniedrigen. Das setzt voraus, dass sich die Partner gegenseitig schätzen und anerkennen und um der Sache willen streiten.

Zur Streitkultur gehört, dass wir nicht alles spontan aussprechen, was wir erkannt haben. Dass wir um des friedlichen Ergebnisses willen zunächst weniger wichtige Elemente des Konflikts aussparen. Dass wir erkennen, an welcher Stelle und zu welchem Zeitpunkt die Partner zum Sinneswandel fähig sein können. Streitkultur erkennt die Schönheit des Kompromisses an. Sie schätzt die Genugtuung, die wir bei langsamer, allmählicher Annäherung aneinander empfinden. Streitkultur weiß aber auch den Augenblick zu bestimmen, an dem wir uns aus dem Streit zurückziehen, weil er zu keinem Ergebnis führen wird. Wir wollen uns nämlich im Streiten schonen.

sich umarmen

Wenn zwei Menschen, die sich lieben, zusammentreffen, fallen sie sich in die Arme. Diese enge Berührung der Körper drückt aus, wie stark die Trennung empfunden wurde, wie sehr sie sich zueinander gesehnt haben. Der Kontakt der Augen genügt dann nicht, nicht ein Zeichen des Wiedererkennens im Gesicht, nicht einmal der Händedruck. Die vollkommene Trennung kann dann nur durch die nächste Nähe aufgehoben werden: durch die größtmögliche Körperberührung.

Die Arme legen sich um den anderen Menschen, beide drücken ihre Körper aneinander. Einen kurzen Augenblick ruhen die beiden Menschen so in den Armen des anderen, spüren seinen Körper, und spüren auch ihren eigenen Körper in der Beziehung zum anderen, bevor sie sich wieder lösen.

In diesem kurzen Augenblick geschieht etwas Erstaunliches. Beide Menschen empfinden deutlich eine Gemeinsamkeit, eine Einigkeit, sogar Einheit. Wie kann eine knappe Berührung der Körper eine solche geistige Schwingung auslösen? Eine Schwingung, die den anderen erreicht, von ihm erkannt und erwidert wird und zurückkehrt zum ersten?

Wir erfahren an diesem Beispiel die Macht von Berührungen, die binnen eines kurzen Augenblicks entweder verbinden, aber ebenso verletzen können.

Wenn sich zwei Menschen umarmen, sind beide wehrlos. Sie lassen sich von dem anderen in ihrer Bewegungsfreiheit einengen, aus freiem Willen ergeben sie sich dem anderen. Die Umarmung ist eine Erklärung des waffenlosen, wehrlosen Friedens. Wir ergeben uns mit leeren Händen in die Arme des anderen, wir bieten einander Gesten des Vertrauens an.

Darum ist es auch das Höchstmaß an Verrat und Missbrauch, wenn jemand durch Umarmung einen Menschen bloßstellen will – wie Judas Jesus seinen Feinden auslieferte. Oder wenn ein Mensch in der Umarmung rückwärts erstochen wird – wie Cäsar durch Brutus. Dann kehrt sich alles, was Umarmung bedeutet, ins Gegenteil um.

schweigen

Reden ist nicht Silber und Schweigen nicht Gold. Gold ist vielmehr das rechte Maß von Schweigen und Reden. Wo es die Situation erfordert zu reden, dürfen wir nicht schweigen. Jede Situation verlangt ihre eigene genaue Gewichtung von Wort und Schweigen. Diese Gewichte immer zu erspüren, erfordert von uns ein feines Bewusstsein, das jedes Klischee, jedes frühere Urteil und jede Gewohnheit durchbricht.

Dagegen ist es kinderleicht, einfach den Mund zu halten. Sollten wir uns aber entschieden haben, in einer bestimmten Situation zu schweigen, genügt es nicht, nicht zu reden. Wir müssen genau wissen, warum es ratsam ist zu schweigen. Entweder gibt es nichts hinzuzufügen, weil alles Notwendige schon von anderen ausgesprochen ist. Oder wir selbst sind am Ende unseres Wissens und könnten uns allenfalls wiederholen.

Wenn wir schweigen, sollten auch unsere Gefühle und Gedanken nicht weiterreden. Auch sie sollen zur Ruhe kommen. Es wäre uns gegenüber unredlich, uns noch innerlich im Kreis zu drehen, sei es in jubelnder oder aufgebrachter Stimmung, während wir die Lippen aufeinanderpressen. Schweigen öffnet einen Raum der Genügsamkeit und Muße in uns, den wir bejahend wahrnehmen und hüten wollen.

Der Wächter über das Schweigen ist eben das rechte Maß. «Freuet euch!» und «Trauert mit den Traurigen!» heißt es in den Evangelien. Freude und Trauer haben ihre tiefe Berechtigung im Leben. Aber hüten wir uns vor den überschäumenden Gefühlen! Vor den negativen ebenso wie vor den positiven. Weder das himmelhohe Jauchzen noch die Betrübnis zu Tode ist eine angemessene Reaktion auf die Wirklichkeit. Früher oder später wird ein emotionaler Gegenschlag kommen, der das Jauchzen wie die Betrübnis in Frage stellt.

Bedenken wir, dass die Gefühle und Gedanken der Ursprung unserer Worte und Handlungen sind. Irgendwie und irgendwann findet, was wir in unserem Innern bewegen, den Weg zu unseren Lippen und zu unseren Händen. Wichtig ist darum, dass unsere Gefühle und Gedanken maßvoll sind, damit unsere Worte und Taten es ebenso bleiben.

Der Raum des Schweigens in uns muss so gefestigt sein, dass sich in ihm die Worte und die Stille organisch ordnen, gewichten und entsprechend aus ihm heraustreten. Nur dann ist Schweigen niemals Kapitulation vor dem Wort (und vor jenen, die es führen) oder einem größeren Wissen, sondern auch eine Kraft, die ebenso stark ist wie Worte und Taten. Nur dann ist Reden nicht Zerstörung des Schweigens, sondern dessen Erfüllung, wie auch Schweigen das Reden erfüllen kann.

Zug fahren

Ist es nicht wunderbar, zu sitzen und bloß zu schauen, während uns der Zug durch die Landschaften fährt? Der Zug bestimmt die Route, fährt langsamer und schneller, hält an und fährt weiter, lässt Menschen aussteigen und einsteigen – alle Arbeit und alle Sorgen übernimmt der Zug, während wir aus dem Fenster schauen und beobachten, bis auch wir aussteigen. Dass wir da ins Sinnieren und Philosophieren kommen, ist nicht erstaunlich. Während wir durch die Städte und an Flüssen entlanggleiten, entstehen in uns alte Welten. Die Erinnerungen greifen weit zurück; an das, was war, reiht sich, was hätte sein können, hätte sein müssen. In die Heiterkeit der Muße mischt sich unser Grübeln.

Im Zug entfaltet sich währenddessen häusliches Leben

– vor aller Augen. Die Menschen unterhalten sich, lesen, telefonieren laut, strecken sich aus, dösen oder schlafen, manchmal schnarchend. Einige hacken verbissen auf ihre Laptops ein. Viele tun, als seien sie allein; einige aber öffnen sich den Menschen in ihrer Umgebung, suchen Kontakt und Gespräch. Oder sie kommen mit Freunden und Familie und setzen im Abteil die Worte vom Bahnsteig fort.

Ob sie allein eingestiegen sind oder in Gruppen, die Menschen werden eine Gemeinschaft. Denn sie sitzen im selben Abteil und fahren in dieselbe Richtung. Alle haben Ziele, dort wollen sie möglichst pünktlich ankommen – vielleicht holt sie jemand am Bahnsteig ab.

Das Gemeinschaftsgefühl wird offenbar, wenn etwas Außergewöhnliches passiert: ein langer Aufenthalt auf freier Strecke, ein Unfall, das grobe Benehmen eines Fahrgastes, eine plötzliche Umleitung des Zuges. Dann beginnt jeder mit jedem zu diskutieren, als kenne man sich, dann spürt man das gemeinsame Schicksal und versichert sich des Nachbarn, um die eigene Unsicherheit zu überwinden. Der dort kennt sich aus, dieser könnte Rat geben. Aus einer anonymen wird eine lebendige Gemeinschaft.

Das Abteil ist zum Mikrokosmos geworden. Diese Vielfalt hat es schon vorher gegeben, aber niemand hat sie nicht wahrgenommen. Man wollte doch nur ankommen! Jetzt erzählen die Worte und die Körpersprache eines jeden Fahrgastes ihre eigene Geschichte. Kein Leben ist dem anderen mehr gleich. Ist die Störung vorbei und fährt der Zug weiter, dann kehrt der ruhige Zugalltag mit seiner sanft animierenden Atmosphäre des vielfältigen Sinnierens zurück.

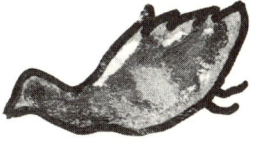

IV

sich erinnern

Die Vergangenheit ist der Menschen wichtiger Schatz. Aus ihr schöpfen wir unsere Inspiration, unsere Reife, unsere Entscheidungen – allerdings auch unsere Ängste und negativen Gefühle. Es tut not, unsere Vergangenheit mittels der Erinnerung in die Gegenwart zu heben. Dies ist das bewusste Bemühen, sie für unser gegenwärtiges Leben fruchtbar zu machen. Das geschieht, wenn wir sie nicht ablehnen und verdrängen, sondern – je älter wir sind, desto liebevoller – aus ihren Erfahrungen heraus unser Leben gestalten.

Wenn wir in einem Boot über einen See rudern, schauen wir auf die glatte Wasseroberfläche und erleben, wie es darüber hinweggleitet. Um wie viel geheimnisvoller aber wird die Fahrt, wenn wir uns dabei die Tiefe des Sees vergegenwärtigen, sie vielleicht ausloten und dann bewusst auf zehn oder zwanzig Meter Wasser treiben. Ebenso ist unsere Gegenwartsreise, sie führt über einen immer tiefer werdenden Raum: unsere Vergangenheit.

Unsere Erinnerung hat die glückliche Eigenschaft, dass sie aus den Bildern und Tönen und Gerüchen, aus den Geschichten der Vergangenheit eine Auswahl trifft, und zwar eine positive Auswahl. Sogar Erlebnisse, die für sich betrachtet negativ und bedauerlich waren, erscheinen im endlosen Organismus des Erinnerungsschatzes meist annehmbar, zumindest weniger aggressiv und bedrohlich. Es ist möglich, unseren traurigen, bestürzenden, enttäuschenden Erfahrungen – je länger sie zurückliegen, desto mehr – ein Gutes abzugewinnen. Zumindest können wir sagen: «Gut, dass sie vorbei sind», zumindest wissen wir, welche Erfahrungen wir meiden sollten.

Ein solcher Erinnerungsoptimismus kann die Gegenwart einholen und sich zu einem Lebensoptimismus auswachsen, wenn wir unsere Vergangenheit anerkennen, vor uns selbst nichts bagatellisieren oder verneinen. Denn Vergangenheit lässt sich nicht zerstören. Sie bleibt und bleibt, auch wenn wir mit unseren Sinnen keinen Rest von ihr fassen können. Auch wenn wir viele Ereignisse, viele Einzelheiten vergessen.

Wer sein Leben meistern will, soll in der Gegenwart und in der Vergangenheit gleichermaßen leben. Die Arbeit, die uns bis zuletzt aufgegeben bleibt, ist, beides in einer Harmonie zu halten. Momente einer zeitlosen Präsenz entstehen, wenn Vergangenheit und Gegenwart zusammenfließen. Darin schlägt das Glück.

Die Blume steht auf einem Stängel, der so dünn ist, dass man befürchtet, er werde bald knicken. Aber die Blume knickt nicht um. Ebenso der Mensch. Seine Füße sind im Vergleich zu seinem Körper so schmal und kurz, dass man sich wundert, wie sie dessen ganze Länge aufrecht halten können. Mit dem Stehen verbindet man Begriffe wie Standfestigkeit und Beständigkeit. Dabei ist Stehen in Wirklichkeit ein immerwährendes Balancieren des Gewichts, das wir von dem einen auf den anderen Fuß verlagern. Echte Standfestigkeit gibt es nur im Liegen, wenn ein Maximum der Leibesoberfläche den Boden berührt und darum diese Stellung lange und ohne Bewegung beibehalten werden kann. Doch Liegen verbinden wir mit Ausruhen, Schlafen, Faulheit – nicht mit Standfestigkeit.

Stehen ist eine Form von Askese. Das ständige Ausbalancieren des Gewichts verlangt Geistesgegenwart. Mönche stehen stundenlang beim Chorgebet. Stehen drückt ihre Bereitschaft aus, den Anruf Gottes zu empfangen. Die Säulenheiligen im frühen Christentum haben das asketische Stehen zum Extrem getrieben. Tag und Nacht, in Wind und Regen standen sie allein und ungeschützt auf einer Säule.

Das Stehen erweist sich als eine Geisteshaltung, sobald wir den Zusammenhang zwischen unserem unsicheren Ausbalancieren und der festen Erde, auf der wir stehen, erkennen. Das Schwanken auf unseren Füßen drückt unser Suchen nach Festigkeit aus. Im Halt-Suchen wollen wir wie die feste Erde sein. Im Stehen wollen wir unserem Körper –

und mit ihm eben auch unseren Gedanken und Gefühlen – jene Festigkeit geben, die wir unter uns spüren. Die Erde soll in uns hinaufwachsen und uns mit ihrer Festigkeit durchdringen.

Früher haben viele Menschen im Stehen geschrieben und gelesen. Wir kennen die Schreibpulte in den Klöstern, wir sehen die Lesepulte in den Kirchen. Die Wachheit, deren das Schreiben und die Lesung heiliger Worte bedurften, wurde durch die Körperhaltung ausgedrückt und ebenso durch sie gefördert. Vergleichen wir damit unser krummes Hocken am Computer, unser Halb-Sitzen-halb-Liegen bei der Lektüre auf dem Sofa, und wir spüren, dass echte geistige Beschäftigung nach ihrer entsprechenden körperlichen Haltung und Bewegung verlangt.

fliegen

Nach so vielen Jahrzehnten weiter Reisen packt mich immer noch ein Abenteuergefühl, sobald ich ein Flugzeug besteige. Staunend erlebe ich, wie es auf der Startbahn anläuft, beschleunigt, mit höchster Geschwindigkeit über den Boden rast, abhebt und steigt und steigt.

Menschen können nicht fliegen, sie haben keine Flügel. Wenn sie es mit Hilfe der Technik doch tun, erscheint es wie ein Wunder. Die Technik gibt den Menschen die Fähigkeit, sich leicht zu machen, so leicht wie Wind. Luft und Wind sind unsichtbar, ihre Leichtigkeit zeigt sich kaum. Aber der fliegende Mensch! Schau, da gleitet er zwischen den Wolken.

Wenn unsere Körper – die Naturgesetze aufhebend – leicht werden, sollten sich auch *in uns* die schweren Kräfte lichten. Das Bewusstsein des Fliegens, dieses Empfinden des Wunderbaren, Erstaunlichen, weckt etwas wie einen Rausch in uns. Der Verstand hebt sich aus seinen Verankerungen und beginnt zu schweben. Er wirft Ballast ab und treibt davon.

Bedenken wir die Verführungen des Fliegens: Üblicherweise strengen wir uns an, um in die Höhe zu kommen. Wir steigen Treppen, wir klettern auf einen Berg. Den Blick von der Höhe erkämpfen wir uns. Unsere Augen blicken rundum bis zum weiten Horizont, doch unsere Füße bleiben fest auf der Erde. Nicht aber beim Flug: Wunderbar und mühelos werden wir emporgetragen. Unter uns, über uns, überall ist Raum, freier Raum, herrlicher freier Raum! Unser gewohntes Raumgefühl ist aufgehoben.

Der Rausch von so viel Freiheit kann gefährlich sein. Bitte den flüchtigen Verstand einfangen und an die Leine nehmen und ihn nicht ganz der Schwerelosigkeit überlassen!

Fliegend verschwindet desgleichen das vertraute Zeitgefühl. Die Zeit, die in Stunden, Minuten und Sekunden aufgeteilt ist, scheint nur zu gelten, wenn unsere Füße auf der Erde stehen. Sobald wir uns erheben und fliegen, geht die Zeit nicht mechanisch weiter, sondern sie träumt und schlummert, sie schwebt und segelt. Diese Unschärfe der Zeitbewegung steigert sich bei langen Flügen zum Gefühl des Irrealen. Das Gefühl für das Fortschreiten der Zeit von einem Tag zum anderen setzt aus, unsere Erinnerung daran, was gestern und vorgestern war, verschwimmt. Das Fliegen bleibt ein Traum der Menschen.

weinen

Weinen und Lachen sind nicht Sprechen oder Schweigen. Sie sind ein Drittes, das aus einer spontanen Unfähigkeit entsteht, einen Satz zu formulieren, das aber dennoch auf eine Reaktion nicht verzichten kann. Weinen und Lachen sind Sprachlosigkeit (wobei ich kalkuliertes Schweigen zu den Ausdrucksmitteln der Sprache rechne). Etwas wurde gesagt, etwas ist geschehen, das uns hochreißt oder niederdrückt, so gewaltsam, dass es uns «die Sprache verschlägt». Aber das Erlebte ist so stark, so ungewöhnlich, dass es uns drängt zu reagieren. Es ist wie ein mächtiger Reflex, dem wir ausgeliefert sind, weil wir ihn nicht kontrollieren können. Dann lachen oder weinen wir.

Der Mund lacht, die Augen weinen. Nein, das gesamte Gesicht weint, es verzerrt sich zur unkenntlichen Maske, die das Gegenüber befremdet, erschreckt, oft sogar durch seine Hässlichkeit abstößt. Wer weint, isoliert sich. Wer weint, kann es nur für sich und als Antwort auf den eigenen Schmerz tun. Weinen steckt an, aber es schafft keine tiefere Gemeinschaft. Andere werden stumm und traurig, wenn sie uns weinen sehen, aber sie fühlen eine Scheu vor unseren Tränen. Weinen empfinden wir als peinliche Entblößung. Jeder kämpft für sich darum, die Gefühle, die zum Chaos zersprungen sind, neu zu ordnen.

Weinen ist Gewalt an sich selbst. Die Gefühle brechen hervor und drücken sich heftig und rücksichtslos aus. Aber diese Gewalt ist manchmal – für kurze Zeit – notwendig, damit wir heilen können. Tränen lassen sich nicht unterdrücken, und wir sollten es nicht versuchen. Das wäre eine ungesunde Gegengewalt. Unser heftiges Gefühl könnte sich nicht entladen und würde uns innerlich zerreißen. Langgehegte Ressentiments, unkontrolliert aufflackernde Gefühle wie Zorn und Trauer würden uns weiter belasten.

Dem Weinen dürfen wir aber willentlich nicht mehr Raum eingestehen, als es selbst fordert. Es soll sich nicht ausweiten wie ein Brand. Tränen erschöpfen uns körperlich und emotional. Der beste Trost ist ein guter, langer Schlaf.

Danach sollten wir uns neu ordnen und zu unserem gewohnten, von so vielen Menschen geschätzten Gesicht zurückkehren. Schmerz und Trauer mögen noch nicht vorbei sein. Aber wir können über sie sprechen, über sie nachdenken und unterschiedliche Symbole und Gesten für sie finden, um sie ins Gewebe unseres Lebens einzufädeln. Tränen allein heilen nicht. Wir müssen uns von ihnen heilen.

Gottesfurcht gilt als Tugend, nicht jedoch die Furcht vor den Menschen. Sie wird als Feigheit, Ängstlichkeit, Schwäche getadelt. Ich sehe die Furcht vor den Menschen aber als ein Eingeständnis an die Wirklichkeit. Die Furcht vor den Menschen erkennt an, dass nicht alle Menschen gleich sind, dass einige mächtiger, stärker, listenreich und rücksichtslos sind. Im Grunde haben alle Menschen Ursache zur Furcht, denn auch den Mächtigen ist immer jemand überlegen. Die prahlen, sie fürchteten niemanden, wollen die Welt auf den Kopf stellen.

In Indien gestehen nicht nur Kinder, sondern auch Erwachsene ohne Zögern ein: «Ich fürchte mich.» Das genügt zur Erklärung, warum man etwas tut oder unterlässt. Im Allgemeinen versucht niemand, den Menschen ihre Furcht auszureden. Die Anerkennung von Hierarchien ist eine Übung, die schon von Kindern gefordert wird. Das bewahrt sie vor Exzessen und Extremen und eben vor der Leugnung der Wirklichkeit.

Furcht darf nicht blind sein, nicht irrational. Sie soll uns im Gegenteil lehren, die Augen weit offen zu halten und die Dinge der Welt und die Menschen mit genauem Augenmaß zu erfassen. Furcht ist das Eingeständnis, dass man mit gewissen Menschen nichts gemein hat und sich von ihnen fernhalten sollte. Die Abwehr von Menschen, die Furcht einflößen, und die Hinwendung zu Menschen, die Sympathie wecken, sind die Waagschalen, die unser Leben im Gleichgewicht halten. Wer sich vor nichts fürchtet, kann auch der Sympathie, dem inneren Zusammenklang mit Menschen, keinen Raum geben. Furcht und Sympathie bedingen einander.

Die Furcht vor den Menschen, also vor etwas Mächtigerem als einem selbst, weist auf die Furcht vor Gott, dem Stärksten, hin. Ihm soll man mit Ehr-Furcht, mit heiliger Scheu, mit «Furcht und Zittern» begegnen.

Die Göttinnen des Hinduismus zeigen häufig zwei Handstellungen; die eine bedeutet «Empfange meinen Segen», die andere «Fürchte dich nicht». Als Jesus seinen Jüngern nach der Auferstehung erschien, sagte er als Erstes: «Fürchtet euch nicht!» Das heißt, Gott möchte uns die Furcht nehmen. Die Gott anblicken, die sein furchtbar leuchtendes, sein erschütterndes Antlitz schauen und die Furcht überwinden, denen ist alle Furcht genommen, auch die Furcht vor den Menschen. Die brauchen das Gleichgewicht zwischen Furcht und Sympathie nicht mehr zu beachten, weil sie wissen, dass Gott Vertrauen und Liebe über die Furcht stellt. Die Gott vertrauen, können sich nicht mehr fürchten.

sich sammeln

Phantasie und Konzentration liegen unentwegt im Streit. Wer Phantasie entfaltet, dem gehört die Welt; wer sich sammeln kann, dem gehört sie ebenso, aber auf eine andere

Weise. Menschen, die in immer neuen Vorstellungen leben, die eine aus der anderen entstehen, sind wie Netze, die je weiter gespannt, desto mehr einfangen. Gesammelte Menschen aber sind wie Pfeile, die je spitzer und schmaler, desto entferntere Ziele sicher treffen.

Wer in einer wuchernden Bilderwelt lebt, kann sich an ihrer Fülle erfreuen, in ihr die Reichtümer der Welt sattsam genießen, durch sie Trauer und Glück, Rausch und Bitterkeit erleben. Doch um diese Bilderwelt zu nützen für ein Werk, eine Tat, muss sie gebändigt, gebündelt, in eine Struktur und Perspektive gedrängt werden, damit daraus etwas wird, das mit anderen Menschen kommuniziert und bei ihnen genaue Gefühle und Gedanken auslöst. Wir müssen uns sammeln, um ein Werk zu schaffen. Je ausdauernder wir uns sammeln, desto anspruchsvoller wird dieses Werk sein, desto ausdrücklicher gestaltet es unsere eigene Welt. Menschen, die, überwältigt von inneren Bildern und Plänen, diese nicht nach außen projizieren können, bleiben Gefangene ihrer Phantasie. Die nur die Begabung zur Konzentration haben, aber weder Ideen noch Bilder noch Geschichten besitzen, also jenen «Stoff», den ihre Konzentration formen kann, deren Leben ist dürr. Deren Fähigkeit bringt ebenso kaum Früchte.

Die Zerstreuung ist eine Feindin jener Menschen, die ein Lebenswerk schaffen wollen. Zerstreuung ist wie ein Sieb, durch das alle guten Gedanken und Eindrücke und Intentionen versickern. Denn bedeutsam ist nicht bloß, dass wir gute Einfälle und interessante Gefühle haben, sondern dass wir sie auch ebenso ausdrücken und sie in unserem Leben zu einer gestaltenden Kraft machen.

Menschen, die sich immerzu in ihrer Konzentration gestört fühlen, immerzu jenen glückhaften Augenblick vollkommener Sammlung erwarten, werden ihn niemals finden und ihr Leben vergeuden. Wir sollten mit jenem Maß der Vollkommenheit zufrieden sein, das wir mit Hilfe unserer Anlagen, unserem Willen und Ernst bestenfalls erreichen können. Das aus der Sammlung erwachsende Werk entsteht stets im zähen Kampf um die Sammlung.

Wenn wir die Phantasie und die Sammlung in einen Ausgleich bringen, bei dem der Stoff der Phantasie durch die Sammlung gebändigt wird, können wir ein markantes Lebenswerk hervorbringen.

V

ein Licht entzünden

Wir setzen uns im Restaurant an einen Tisch, und der Kellner zündet eine Kerze an. Wir besuchen eine Kirche, sehen zahllose kleine Flammen vor einer Statue oder einem Gnadenbild und stellen ein Licht dazu, das wir an einem schon brennenden Licht entzündet haben. Wir mögen es sogar, in der Wohnung eine Kerze auf den Tisch zu stellen.

Warum?

In den armen Ländern zünden Menschen Kerzen oder Lampen an, wenn abends der Strom ausfällt. Dann muss das flackernde Flämmchen die gesamte Wohnung erhellen. In seinem Schein lernen die Kinder, kochen die Frauen und werken die Männer. Dagegen soll in Europa die Flamme nicht das Dunkel brechen, sondern den Raum emotional erwärmen und ihn festlich machen. Die Flamme ist ein bescheidener, aber kostbarer Luxus, sie ist kein Gebrauchsgegenstand.

Was macht die Flamme zu etwas Besonderem? – Sie lebt. Sie verströmt Licht und Wärme; sie bewegt sich, flackert und fließt, zuckt und zittert. Sie sucht Nahrung und Luft. Die entzündete Kerze auf dem Tisch gibt uns das Empfinden, nicht allein zu sein. Als lebende Menschen verbinden wir uns mit der lebenden Flamme und spüren eine Gemeinschaft. Mehr als alles andere suchen wir Gemeinschaft – und finden sie im Licht.

Die Gemeinschaft von Menschen ist unzuverlässig. Der eine sagt «Ich komme» – aber er kommt nicht. Der andere sagt «Ich bleibe» – aber er geht bald wieder weg. Die Flamme dagegen ist treu. Solange sie Nahrung hat, das Wachs, den Talg und die Luft, bleibt sie und bleibt.

Doch bitte nicht berühren! Sonst verzehrt uns die Flamme. Wie Jesus nach der Auferstehung sagte: «Berühre mich nicht.» Er war wie die Sonne, die wir nicht berühren, nicht einmal direkt anblicken können. Ebenso besitzt auch die Flamme etwas Verklärtes, etwas Unnahbares; sie hält uns die Treue aus einer kleinen, aber unüberwindbaren Entfernung – das ist ihr Geheimnis.

sitzen

Wer sitzt, will sich nicht bewegen, der will aber auch nicht ruhen. Sitzen ist die Körperhaltung geistiger Bemühung. Wer sitzt, sucht jene angenehme körperliche Stabilität, die es dem Menschen erlaubt, den Körper zu vergessen, um sich auf eine geistige Beschäftigung zu konzentrieren.

Ein Yogi zementiert diese Stabilität, indem er im Schneidersitz nicht nur mit Gesäß und Füßen das Feste berührt, sondern V-förmig auch mit beiden Oberschenkeln. Dieser Sitz ist unverrückbar, ist unerschütterlich. Da Körperhaltung und Geisteshaltung einander bedingen, überträgt sich die Unverrückbarkeit des Körpers auf die innere Befindlichkeit.

Im Grunde verlangt jede Art innerer Beschäftigung nach ihrer eigenen Körperhaltung oder -bewegung. Auch Sitzen ist nicht einfach Sitzen. Der Schreibende beugt sich vor, der Lesende lehnt sich zurück. Der Denkende stützt den Kopf auf die Hand. Der Meditierende sitzt mit geradem, steifem Rücken und gewölbter Brust. Der Zuhörende streckt beinahe unmerklich den Kopf vor, um die Worte aufzunehmen. Der Sprechende versucht, frei zu sitzen, ohne sich anzulehnen.

Im Sitzen bewegen sich Arme und Beine so, dass sie rund um den festen Mittelpunkt jene Haltungen finden, die die inneren Vorgänge unterstützen. Allerdings darf die Mitte nicht gestürzt werden, die Freiheit hat also wie immer ein Maß. Arme und Beine schaffen und bewahren das Gleichgewicht, versöhnen zwischen Mitte und Radius, zwischen Innen und Außen.

Im Sitzen wissen wir, dass wir weiterschaffen dürfen. Im Sitzen können wir geben, verfügen, beherrschen. Wir besitzen Autorität. Wir dienen nicht, wir lieben auch nicht, doch bereiten wir alles vor, denken uns in alles hinein, hören zurücklehnend zu, fragen, planen und treffen Entscheidungen.

Wenn wir sitzen, ist die Zeit kaum spürbar. Sie wartet darauf, dass wir aufstehen, Dynamik entwickeln und austeilen, was wir sitzend gesammelt haben und reifen ließen.

Wer betet, unterhält sich nicht, redet nicht, hört nicht zu. Beten ist so verschieden von den alltäglichen Tätigkeiten, dass diese es nicht umschreiben können. Wenn wir beten, schließen wir unsere Sinne: Wir sehen nicht, hören nicht, schmecken nicht. Wir richten unsere Worte an ein Unbekanntes, das sich mit unseren Sinnen nicht erfassen und mit den Händen nicht greifen lässt. Trotzdem sprechen wir Worte der Verehrung, des Vertrauens, der Liebe und geben unsere Geheimnisse und Sehnsüchte an dieses Unbekannte preis. Wie unsinnig das – nüchtern betrachtet – erscheint! Doch wie erfüllt von Sinn und Bedeutung wir selbst unser Handeln empfinden!

Beten ist die Behauptung eines Sinnes angesichts der Zweifel, der Gleichgültigkeit und des Zynismus. Beten gibt keine Antwort darauf, warum es sinnvoll ist; sondern es geschieht einfach. Beten ist ein nacktes, unergründliches Da-Sein. Warum ist eine Rose rot? Warum erblüht eine Tulpe im frostigen Vorfrühling? Was ist eigentlich der Schlaf? – Das sind ähnliche Fragen, auf die es keine Antworten gibt. Es sind aber auch Fragen, die keiner Antworten bedürfen. Denn eine Antwort würde die Schönheit der Rose weder erklären, noch sie hervorbringen. Wer betet, versteht, was Beten ist und was es in uns bewirkt. Wer schläft, versteht, was Schlaf ist und was er bewirkt. Um Beten und Schlafen zu verstehen, soll man es tun.

Mag sein, dass wir als absonderlich verlacht werden, wenn sich die Früchte des Gebets zeigen. Das Gebet schafft eine eigene Welt in uns – und um uns. Darin haben allein wir Beter Einlass. Darin sind wir einsam, doch erfüllt einsam. Wir beten an, wir verehren, wir staunen und tun nur dies – und das genügt uns. Kein Ziel wollen wir erreichen, kein Ergebnis, nichts. Dennoch genügt es uns. Eine Rose können wir nicht zum Blühen zwingen, Beginn und Ende des Schlafs nicht bestimmen.

Ein Ergebnis lässt sich jedoch nennen: Das Unbekannte, das Große Etwas ist *da*. Wenn wir nur den Alltag aus unseren Sinnen kehren – und beten. Die Worte, die wir wählen, wirken vielleicht banal, aber sie stammen aus unserer betenden Tiefe. Darum sind sie wie Zauberworte, die eine Welt erschaffen, in der wir von Angesicht zu Angesicht dem gegenüber sind, das wir nicht mehr zu benennen brauchen.

warten

Kaum jemand will das Warten ertragen. Eine Unregelmäßigkeit geht ihm voraus: Der Zug ist verspätet, der Gast kommt nicht pünktlich, die Autos stauen sich auf der Straße. Wie uns solche Stockungen im Tages- und Lebensablauf erzürnen! Wir vergeuden die Zeit, glauben wir. Warten ist leere Zeit, ist das Gegenteil von Erfüllung. Wir haben uns Ziele gesetzt: Termine, feste Termine. Alle fordern, dass wir sie einhalten.

Warten bedeutet, später hasten zu müssen, den Lebensrhythmus gefährlich zu beschleunigen, Leid auf sich zu nehmen, um aufzuholen.

Die das Warten so empfinden, glauben, Meister der Zeit zu sein. Sie glauben naiv, sie könnten uneingeschränkt die Zeit gestalten – solange eben solche Stockungen nicht entstehen. Gibt es etwas Törichteres? Dieses «solange» zeigt die Brüchigkeit ihrer Haltung. Ein unbedachter Schritt nur, und sie stolpern und fallen hin. Eine hastige Bewegung, und sie schlagen mit dem Kopf gegen die Wand. Eine Nacht unruhigen Schlafs, und sie stehen mit Schmerzen in der Brust auf. Nur ein Luftzug, und sie fühlen schon die beginnende Erkältung. Ein schlechter Traum, und der Morgen beginnt verspätet. Ein gehässiges Wort, und sie erfüllt ein Schmerz, der Blutdruck steigt.

Das Gegenstück zum Warten ist die Hast. Die ungeduldig warten, werden von der Zeit überwältigt. Die hasten, wollen die Zeit überwältigen. Beides missachtet die Souveränität der Zeit. Die Hastenden wollen mehr in der Zeit unterbringen, als deren Netz halten kann. Die Zeit rächt sich, indem ihr Netz platzt und Unbekanntes, Unbewusstes herausquillt. Die Wartenden zappeln selbst im Zeitnetz und spüren, wie sie aus ihm herauszufallen drohen.

Die Zeit ist unser Kapital. Wenn wir ihr wie ein unabhängiger Handelspartner begegnen, können wir dieses Kapital nutzen. Jede vermeintlich leere Warteminute lässt sich sinnvoll ausfüllen. Mit Lektüre, Gebet, Nachdenken, mit Muße, mit Meditation, mit Entspannung. Eine Unterbrechung in unseren Tätigkeiten ist keine Unterbrechung der Zeit. Füllen wir sie weiter mit unseren Lebenserfahrungen aus. Wir müssen nur dem Sog der Dinge entkommen, diesem *Fang-netz Zeit*!

Ebenso das Hasten: Niemals sollen wir unseren Lebensrhythmus aufopfern, im Glauben, die Zeit überlisten zu
können. Sich in die Ordnung der Zeit einzufügen, ist eine
notwendige Übung.

liegen

Wer liegt, kann liegen bleiben. Im Unterschied zum Stehen,
Sitzen und Knien ist Liegen eine Körperhaltung, in der wir
es stundenlang fast ohne Bewegung aushalten. Nach der
Geburt haben wir gelegen – und wir werden zuletzt, bevor
wir sterben, wieder liegen. Bei der höchsten Lust und bei
den schlimmsten Schmerzen liegen wir – ebenso, wenn wir
schlafen, bei der Erlösung von Lust und Schmerzen.

Liegen ist die Grundhaltung des körperlichen Yoga, von
der alle Übungen ausgehen und zu der sie zurückkehren.
Liegen ist die Grundhaltung auch in einer zweiten Bedeutung: Im Liegen haben wir den meisten Körperkontakt mit
dem Grund, der Erde. Aus dieser Erde sind wir geformt, zu
ihr kehren wir zurück. Dieser ernste Satz lässt sich im Liegen
auf der Erde am ehesten bedenken, denn in dieser Haltung
fühlen wir uns dem Erdhaften in uns am nächsten.

Diese Berührung mit der Erde von den Schultern bis zum
Gesäß, vom Hinterkopf bis zu den Fersen, mit den Händen
und Armen und Beinen ist heilsam, weil dann das Feste und

Unwandelbare der Erde unter uns wie eine unterstützende Kraft wirkt. Liegen heißt Kraft schöpfen, die wir danach in der Tätigkeit, also stehend, gehend, sitzend, einsetzen. Im Liegen ist der Körper entspannt, weil er sich auf der festen Erde sicher fühlt. Noch einige Minuten zucken die Nerven und die Muskeln. Dann beruhigen auch sie sich, und uns überschwemmt ein Gefühl des Wohlseins.

Im Liegen kommen auch unsere Gefühle und Gedanken zur Ruhe. Der Wille ist nicht mehr angespannt. Wir vergessen unsere Leidenschaften, sie legen sich in uns wie Wasser, das sich am tiefsten Punkt sammelt. Manchmal kommen dann alte Ängste hoch, die wir bekämpfen, indem wir aufstehen und eine bestimmte Tätigkeit ausüben. Doch eher geraten wir ins Träumen, werden schläfrig und träge und empfinden es als ein Geschenk, uns weder körperlich noch geistig bewegen zu müssen.

Liegen ist ein großes Geschenk, und wir können es so einfach bekommen. Darum sollten wir es bewusst nutzen: Wir wollen das flache, harte Bett bevorzugen, damit wir die Unterlage spüren. Anfangs mag sie uns unangenehm erscheinen, doch nach wenigen Tagen wird das Harte zu unserem Freund. Auf rätselhafte Weise verschwindet das harte Aufeinander, und wir spüren nicht mehr den Unterschied zwischen Körper und Grundlage. Dann haben wir das Liegen als Geschenk angenommen. Dann besänftigt das Liegen jede heftige Gemütsbewegung, und es gibt dem erschöpften Körper Energie.

Warum schwimmen, wenn wir gehen, marschieren, rennen können? Gehen ist die natürliche Fortbewegung der Menschen. Der aufrechte Gang zeichnet uns aus. Schwimmen ist für Fische und Enten, Fliegen für Vögel und Bienen. Fische werden nie lernen zu gehen und Bienen nie lernen zu schwimmen. Die Enten schwimmen und watscheln, die Vögel fliegen und hüpfen – sie beherrschen zwei Räume. Doch niemand herrscht über alle drei. Nur wir Menschen streben unablässig danach, im Wasser, auf der Erde und in der Luft gleichermaßen zu Hause zu sein. Wenn die Natur Grenzen setzt, soll die Technik weiterhelfen. Wir fliegen mit Flugzeugen, wir tauchen mit Sauerstoffflaschen.

Schwimmen ist dennoch für uns Menschen eine halbe Sache. Nie werden wir die Meisterschaft von Fischen und Enten erreichen. Unsere Arme und Beine können niemals Flossen und Schwimmfüße ersetzen. Kümmerlich, unelegant sind unsere Schwimmversuche. Unter Wasser schnappen wir in wenigen Minuten nach Luft. Reizt es uns ebendarum zu schwimmen? Um jubeln zu können: «Ich schwimme wie ein Fisch»? Um eine Lust zu spüren, die uns eigentlich nicht zusteht? Gerade weil Wasser nicht unser Element ist, kosten wir es umso genüsslicher aus. Im Wasser zu schwimmen – welche Ahnung der Freiheit! Die paar Augenblicke unter Wasser – welche Beglückung!

Die Segelflieger, Fallschirmspringer, die Unterwasser-Schnorchler sind auf ihre Hilfsmittel angewiesen. Schwimmen ist eine elementarere Freude – denn nur der Körper ist dafür notwendig. Das Wasser berührt unseren ganzen Kör-per, es ist unmittelbarer spürbar als die unsichtbare, kaum wahrnehmbare Luft, wenn wir auf der Erde gehen.

Im Wasser erleben wir spontan eine Einheit von Element und Körper. Plötzlich sind wir nicht mehr nur Körper, wir sind unermesslich kraftvoller, als wir es auf der Erde jemals empfinden. Wir wachsen über unser angeborenes Mensch-sein hinaus und erleben eine Begeisterung über unser Eins-sein mit dem Wasser, die die Fische wohl nie spüren. Sie leben in ihrem Element und füllen ihr Fischsein aus. Die Menschen aber bereichern im Wasser ihr Menschsein.

VI

Wasser schöpfen

In indischen Dörfern gibt es noch Ziehbrunnen, in die man einen Blecheimer am Seil herablässt. Der Eimer schlägt unten aufs Wasser, er taucht unter und läuft voll. Dann wird er an der Winde nach oben gezogen. Dabei umgreifen die Hände abwechselnd das Seil und ziehen es hinauf, bis der Eimer am Brunnenrand auftaucht. Aus dem Innern der Erde das Wasser heraufholen – was für ein Abenteuer!

Tief unten am Boden des Schachts, kaum sichtbar, ruht dunkel das Wasser. Wie ein Schatz wird es geborgen. Obwohl es dort seit einer Ewigkeit zu sein scheint, schmeckt es, ans Tageslicht geholt, frisch. Erhält die Dunkelheit der Erde das Wasser so belebend? Bleibt es so, weil keine Blicke darauf treffen, keine Hände es berühren können? Erhält der Friede, in dem das Wasser dort unten ruht, es so schmackhaft?

Aus allen Schichten der Erde tropft und sickert das Wasser in den Brunnen. Ein nie versiegendes Reservoir, das sich aus rätselhaften Quellen erneuert. Die Erde ist also gar nicht so fest, wie sie auf der Oberfläche anmutet? Im Inneren geschehen ständig Bewegungen; das Wasser tropft und sickert in den durchlässigen Boden, die Erde gibt kleine Räume frei, in denen sich das Wasser sammelt, Erde rutscht nach, verschiebt sich, schafft winzige Kanäle und winzige Barrieren. Erde und Wasser sind in geheimem Zusammenspiel in Bewegung, schaffen und drücken, geben einmal dem Druck nach und widerstehen ein andermal. Und wir schöpfen das Wasser aus der Tiefe, das von der Erde gefiltert, von der Erde veredelt wurde.

Die Wasserpumpen ersparen uns die Handarbeit, verweigern uns aber auch den Genuss, auf diese Weise mit der Erde zu kommunizieren. Brunnen, die mit Hilfe technischer Raffinesse das Wasser aus Füllhörnern und Mündern in Schalen und Becken speien, verlieren dieses Geheimnis. Sie sind Treff- und Anziehungspunkte, sie rauschen und lassen Fontänen sprühen, setzen in den Städten einen Gegenakzent zum Verkehr. Aber diese Brunnen füllen nur die Luft und weisen kaum in die Tiefe, aus der sie ihre Bedeutung schöpfen.

trinken

Der Mensch lebt nicht vom Brot allein, heißt es im Evangelium. Er lebt ebenso von geistiger Nahrung. Wir wissen aber, dass wir verkümmern müssten, wenn wir nicht auch trinken würden. Die Menschen brauchen Wasser, sagt man und rechnet uns vor, wie viele Liter es pro Tag sein sollen. Doch trinken wir Wasser? – Wir trinken Mineralwasser mit

Kohlensäure, Limonade, Cola, Tee, Kaffee, Bier, Saft und Wein. Aber Wasser aus der Leitung mögen wir oft nicht; es sei ungesund, sagt man. Selbst wenn es unbedenklich ist, lehnen wir ab, denn es schmeckt «nach nichts».

Wir haben uns angestrengt und haben geschwitzt. Unser Mund zieht sich vor Trockenheit zusammen. Die Zunge wird schwer. Wir müssen schlucken, haben aber keinen Speichel im Mund. Plötzlich sind wir bereit, auch Leitungswasser zu trinken, und wir spüren schon beim ersten Schluck die Erquickung. Sie fühlt sich anders an als die Sättigung durch Brot. Denn das sorgfältig zerkaute Brot verteilt sich im Körper. Nach kurzer Zeit spüren wir den Zuwachs an Energie, die Erlösung von der rätselhaften Schlaffheit und der Unruhe eines milden Hungergefühls. Gesättigt, werden wir ein wenig träge, werden müde.

Beim Trinken aber erfahren wir, noch während die Flüssigkeit durch den Körper rinnt, eine Freude und Leichtigkeit, eine innere Bewegung, ein Schweben – Regungen, die sich unterscheiden von der Sättigung durch feste Nahrung. Wir brauchen keine Verdauungsschwere zu überwinden. Wasser belebt unmittelbar. Dieses Wasser, das überall rinnt, in Bächen und Flüssen, das in Seen kilometerweit aufgestaut liegt, das durch die Wasserleitung beinahe umsonst fließt, gerade dieses Wasser erfüllt uns mit Leben, ist so kostbar und köstlich, verlängert unser Leben, erfüllt uns mit jenem Hochgefühl. Da es eben nach «nichts» schmeckt, enthält es jeden Geschmack, den süßen und den bitteren. Da es eben in Fülle vorhanden und leicht zugänglich ist, ist es das umfassendste, alles beinhaltende Lebensgeschenk der Natur.

Essen und Trinken halte Leib und Seele zusammen, heißt
es. Gewiss, Essen stärkt den Körper, der jede Minute Kraft
verbrennt. Der einfache Vorgang des Weiterlebens verlangt,
auch wenn wir nichts tun als schlafen oder uns ausruhen,
einen Nachschub an Energie. Das ist ein Hinweis darauf,
wie wichtig wir unsere Tätigkeiten nehmen sollen, damit
sie diese Zufuhr an Kraft verdienen. Dürfen wir ein unkon-
trolliertes, maßloses Leben mit Essen unterstützen?

Umgekehrt sollen wir die Nahrung wichtig nehmen, weil
unsere gesamten Tätigkeiten von ihr abhängen. Zu essen
ist so wesentlich, dass wir es bewusst tun sollen, also nicht
nebenbei und zusammen mit anderen Handlungen. Essen
und Arbeiten zu verbinden ist ein Unding. Das Wort «Ar-
beitsessen» ist ein Unwort. Im Stehen und Umhergehen zu
essen, ist respektlos gegenüber unserer Nahrung. Essen ver-
bunden mit Fernsehen, mit lautem, heftigem Reden, mit
anstrengender Lektüre, mit irgendeiner Tätigkeit, um Zeit
zu sparen, gibt der Nahrung nicht ihr Recht und die ihr er-
forderliche Zuwendung. Bewusst essen heißt eben nicht
nur, gesund zu essen, sondern auch dem Vorgang der Nah-
rungsaufnahme eine absichtsvolle Würde zu verleihen. Das
erreichen wir, wenn wir mit dem Gedanken essen, dass diese Nahrung unser Leben erhält und verlängert. Wie kostbar
uns das Leben ist, spüren wir. Ebenso kostbar soll uns das
Essen sein.

Wir sollen uns vom Essen so in Anspruch nehmen lassen,
dass wir auch einfache Speisen – das Stück Brot, den Apfel,

die gebackene Kartoffel – als lebensvoll empfinden und dankbar zu uns nehmen. Raffiniert-köstliche Mahlzeiten sind wunderbar, denn sie feiern überschwänglich den Dank an die Ernährerin Erde und an den Schöpfergott. Aber für unsere Zufriedenheit wollen wir nicht von solchen Mahlzeiten abhängen.

In Indien spendet die Göttin Annapurna jedes Jahr Reis, das Grundnahrungsmittel, durch eine reichliche Ernte. *Anna* heißt Reis, aber in seiner elementaren Bedeutung bedeutet das Wort «Stoff», «Materie». Denn Nahrung ist die Grundmaterie unseres Körpers und aller Körper in der Schöpfung. Nahrung ist Schöpfung schlechthin. Denen die Schöpfung heilig ist, die ehren auch jede Nahrung und essen sie mit Dankbarkeit und Respekt.

schlafen

Wer schläft nicht gern? Jeder Mensch freut sich, nach einem ausgefüllten Tag ermüdet, auf den Schlaf. Das heißt auf eine Zeitspanne ohne Zeitgefühl, ohne Wachbewusstsein, ohne Sinneswahrnehmungen. Ist es nicht merkwürdig, dass wir uns nach dieser Leere sehnen, die der Schlaf ist? Wäre es nicht natürlicher, wir würden uns vor diesem Aussetzen des Bewusstseinsstroms fürchten, weil wir aus dem Alltag herausfallen? Unter den sich täglich wiederholenden Ereignissen ist der Schlaf das geheimnisvollste, das am wenigsten alltägliche. Dass nach dem vielfältigen Geschehen eines Tages uns gerade das Einfache, das Nichtgeschehen am meisten anzieht und erquickt, gibt zu denken.

Die Romantiker wussten, dass auch die Schlafenden am Teppich des Lebens mitweben. Offenbar brauchen wir, um die starken, oft scharfen, oft schmerzhaften Eindrücke auf die Sinne und auf unsere Gefühle zu verkraften, den Ausgleich im «Nichtsein» des Schlafes. Darin verarbeiten wir die Tagesvielfalt, tauchen sie ein in die Einfalt des Schlafs und schmelzen sie um in Erinnerung. Wachen wir am Morgen auf, erinnern wir uns an den gestrigen Tag; die Erlebnisse haben aber ihre ätzende Schärfe verloren.

Von unserer Müdigkeit werden wir zum Schlafen genötigt – zur Erquickung durch das Nichtsein. Die Müdigkeit ist ein strenger Wächter über unsere Mäßigung. Wir können im Übermaß essen und trinken, laut zanken und laut lachen, Medikamente einnehmen und Sport treiben. Erst später lehren uns die Folgen, dass wir gegen die Disziplin der Mäßigung verstoßen haben. Aber Wachen im Übermaß ist nicht leicht. Müdigkeit stumpft die Erlebnisse der Sinne ab, sie nehmen immer weniger auf. Wir müssen innehalten.

Lernten wir doch vom Schlaf und würden inmitten der Fülle des Alltags manchmal einhalten und dieses Innehalten auskosten; durch die Meditation, die reine Betrachtung, das absichtslose Sein.

Schlaf ist uns heilig. Wir schämen uns, Schlafende aufzuwecken, wir blicken ihnen ungern ins Gesicht. Wir empfinden eine Scheu vor dem Unalltäglichen des Schlafes. Er ist der tägliche Verwalter des rechten Maßes, in den kleinen wie den großen Dingen.

Träume können uns beglücken oder verstören – sie sind unzuverlässig und manchmal lästig. Der Schlaf jedoch gibt uns einen Vorgeschmack auf die Glückseligkeit des Himmels.

baden

Es gibt Tätigkeiten, die man nicht abkürzen oder beschleunigen kann. Wenn Eltern zu ihren Kindern sagen «Diese Nacht müsst ihr schneller schlafen, damit ihr morgen ausgeruht seid», dann ist das ein Scherz. Der Schlaf nimmt sich so viel Zeit, wie er braucht. Ebenso ist es mit dem Baden. Wir sagen zwar, dass wir mal rasch «unter die Dusche springen», im Grunde ist das aber ebenso widersinnig, wie sich «mal schnell» in die Badewanne zu setzen. Wir müssen uns ausziehen, wir regulieren die richtige Wassertemperatur. Unser Körper stellt sich auf das Wasser ein. Er soll nicht erhitzt sein, damit das Wasser nicht das Herz belastet. Das Wasser darf weder zu kalt noch zu heiß sein. Dennoch soll sich die Temperatur des Wassers von der Körpertemperatur unterscheiden, um den Körper entweder abzukühlen oder zu erwärmen.

In den indischen Dörfern würde eine Dusche die Menschen nicht befriedigen. Sie wollen mit dem ganzen Körper ins Wasser eintauchen. Sie suchen einen Teich oder einen

Fluss und lassen sich ganz vom Element Wasser umschlie-
ßen. Sie tauchen zweimal oder dreimal den Kopf unter Wasser, dann erst steigen sie hinaus.

Ganz vom Wasser umschlossen, fühlt sich der Körper
schwer an, denn er lässt sich nur langsam bewegen. Eigen-
artig, dieses Schwere scheint aber zu schweben, zu treiben,
vom Wasser gehoben und behütet zu sein. Dieses angenehme Gefühl, im Wasser «aufgehoben» zu sein, nimmt der
Wassermasse, die einem bis zum Hals steht, ihre Bedroh-
lichkeit. Wir fühlen uns eins mit ihm, diesem flüssigen Element. Das Schweben und Treiben und Flüssigsein steigt in
unsere Empfindungen, und viel Drückendes, Lästiges und
Erregendes fällt von uns ab.

Wird uns bewusst, dass Wasser das reinigende Element
ist, das durch ständige Berührung sanft seinen Dienst tut,
dann können wir uns ihm noch leichter hingeben. Hingabe
ist die angemessene Antwort auf das Wasser. Es dankt uns
die Hingabe, indem es unseren Körper bis in jede Falte um-
schließt.

Wenn wir hinaustreten und uns trocken reiben und die
Kleider anziehen, spüren wir eine Frische auf der Haut, die
uns jedes Mal neu überrascht und uns zu Taten anspornt, die
mutiger sind als jene vor dem Bad.

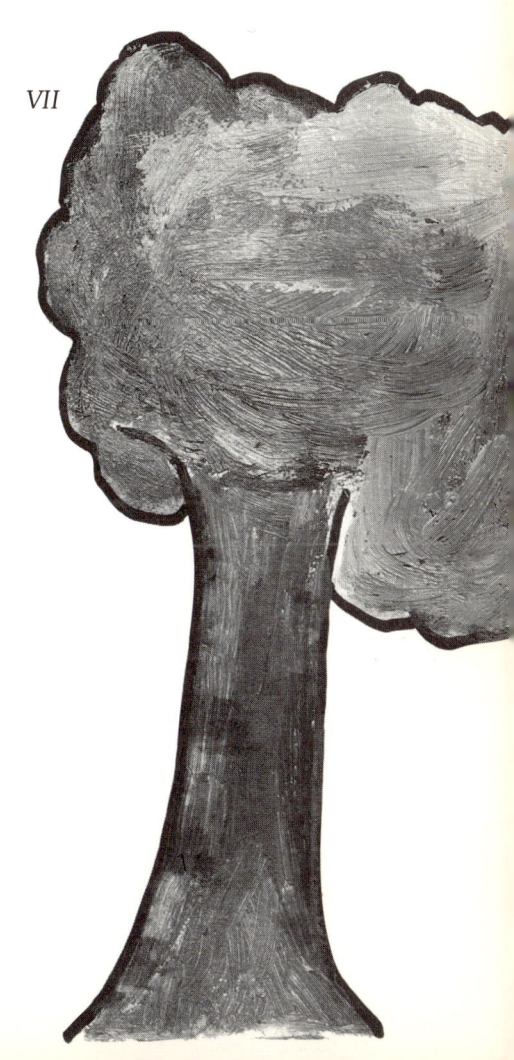

VII

singen

Was wir im Gespräch schwer ausdrücken können, das lässt sich singend freier mitteilen. Singend plagen uns weder Scham noch peinliche Gefühle. Singend kennen wir weder Angst noch Frustration. Wir halten singend sogar unsere Gefühle der verehrenden Liebe und des Zorns im Zaum. Im Gespräch können diese extremen Affekte unberechenbar aufwallen, uns schütteln und überwältigen. Im Singen sind wir langsamer, wir bewegen uns in der Melodie und suchen in ihr einen Ausdruck unserer Empfindung.

Nicht dass wir, in ein schwieriges Gespräch verwickelt, plötzlich anfangen sollten zu singen. Aber wir können uns, sobald wir nicht weiterwissen, sobald wir von Heftigkeit bedrängt werden, zurückziehen und – singen. Abends, wenn der Tag auf uns drückt – singen! Morgens, wenn es uns schwerfällt, einen Anfang zu finden – singen! Wir finden den Text und die Melodie selbst und führen die Stimme so, dass sie unserem Gefühl Ausdruck gibt.

Der Text sagt in einfachen Worten, was uns bewegt. Singend artikulieren wir unseren Ärger, unsere Frustration oder Ratlosigkeit, unsere Angst oder Ungewissheit. Singend lösen sich allmählich die Spannungen. Die Stimmungen heben sich in ein Allgemeines auf, in das Grundgefühl: «So ist das Leben.» In ein Bewusstsein, dass alle Heftigkeit in uns vorübergehend ist, sich klären wird und die wir deshalb – auch wenn sie sich noch so stark aufdrängt – nicht annehmen müssen. Singend spüren wir, dass die Heftigkeit etwas Kleines ist, etwas allzu Verkrampftes. Singend öffnen wir sie in eine Weite von Raum und Zeit, auch von Herzensraum und Herzenszeit. Die kleinen, verkrampften Gefühle lösen sich auf in großherzige, tragende Empfindungen.

Warum bewegen uns Opernaufführungen so stark? Ist es nicht grotesk, dass sich Menschen singend unterhalten? – Gewiss! Aber durch den Gesang heben sich die Worte in eine Sphäre symbolhafter Bedeutung.

Warum sind Chöre bei uns so beliebt? – Eben weil sie uns eine Stimme geben, weil uns das Zusammen-Singen ein umfassendes Lebens- und Gemeinschaftsgefühl schenkt. Es ist emotional, aber nicht heftig; es ist nicht egoistisch, sondern verlangt nach Harmonie und hochgemuten Empfindungen.

zuhören

Das Zuhören gilt als besondere menschliche Qualität. Jeder ehrt Menschen, die einem gut zuhören – jeder will ein guter Zuhörer sein. Die Kehrseite wird weniger beachtet: Sind meine Worte an die anderen es wert, angehört zu werden? Oder beute ich ihren guten Willen mit meinem Gerede über Banales und Ordinäres aus? Und: Ertrage ich in aller Ruhe das gedankenlose Reden anderer, oder unterbreche ich sie mit einer Zurechtweisung oder mit meinem Rückzug, was ehrlicher wäre?

Gutes Zuhören beschränkt sich nicht darauf, den anderen Menschen so viel Zeit zum Sprechen zu geben, wie man selbst beansprucht. Gutes Zuhören hat überhaupt nichts mit gerechter Verteilung von Sprechen und Zuhören zu tun. Sondern mit der Intensität und Sensibilität der gegenseitigen Zuwendung. Ein gesammeltes und intelligentes Gespräch entsteht, wenn ihm ein freier, ungedrängter Raum gewährt wird, in dem sich Ideen und Erfahrungen entfalten können. Dabei sind Partner notwendig, die sich gegenseitig achten. Zum Zuhören gehört nämlich ein Sprechen, dem man gern zuhört, das Anerkennung abgewinnt, das die Wissbegier befriedigt, das auf den Verständnishorizont des anderen zu-geschnitten ist und auf das man aus diesen Gründen gern eingeht.

Wer als Sprecher nicht bereit ist, sich zu öffnen, braucht auch keinen verständnisbereiten Zuhörer zu erwarten. Wer kein verständnisbereiter Zuhörer ist, kann nicht erwarten, dass sich der andere öffnet.

Die Begabung des Zuhörens ist eine Gnade. Sie verlangt ein ruhiges Sich-Einlassen auf die Situation des anderen Menschen. Mit dem Einsatz der eigenen Lebenserfahrung, der einfühlenden Phantasie und des Verstandes versuchen wir, in den anderen hineinzuhorchen. Dabei stellen wir ei-gene Verstandes- und Gefühlsregungen zunächst zurück. Wie tief wir den anderen verstanden haben, zeigen die

Fragen, die wir dem Sprechenden stellen können. Passende Fragen sind solche, die das Gespräch vorantreiben, vertiefen, aus der Selbstbefangenheit ins Weite führen. Sie inspirieren Vertrauen und Selbsterkenntnis. Sie halten – je selbstloser sie sind, desto klarer – den Spiegel vor das Gesicht des anderen.

Die geglücktesten und beglückendsten Gespräche sind die zwischen zwei guten Zuhörern.

sich lieben

Gerade jenes, das uns die größte Freude gibt und wonach wir von Mal zu Mal wieder verlangen, die körperliche Liebe, ist ohne Aufwand, ohne Kulisse und Vorbereitung möglich. Um diese Liebe auszukosten, lassen wir im Gegenteil alles zurück, legen alle Hilfsmittel weg, nehmen allen Zierrat ab, verlassen unser übliches Konsumverhalten – das passive Fernsehen und Musikhören und das hastige Häppchenessen, alles, alles, machen uns nackt und arm, damit sich zwei Körper unmittelbar berühren und begegnen können. Auch wenn eine gigantische Erotikindustrie allerlei Hilfsmittel empfiehlt, von Pillen bis Parfüms, von Reizwäsche bis Reizmusik – letztlich bleiben wir auf uns selbst zurückgeworfen: auf die Begegnung von zwei Körpern.

Unsere Empfindungen und Gedanken unterstützen zwar unsere Körper, damit diese Begegnung gelingt. Wir versuchen durch unsere Phantasie und Intuition die Bedürfnisse des anderen Menschen zu erkennen und sie zu erfüllen. Schließlich bleibt es jedoch das Werk unserer Körper, durch die wir dieses begehrte Glück und diese ersehnte Freude finden.

In dieser Entblößung liegt die Herausforderung der körperlichen Liebe. Nackt lassen sich keine Schwäche und kein Fehler verstecken, nackt gelten nur die elementaren menschlichen Eigenschaften, nicht Prestige und Gelehrtheit, nichts Abgeleitetes und nichts Aufgesetztes.

Sosehr wir aber auf unsere Körper angewiesen sind – sie vereinigen sich nur zu einem winzigen Teil miteinander. Niemals lösen sie sich ineinander auf, und niemals verschmelzen sie miteinander, sondern sie bleiben zwei feste Körper. Die Vereinigung besteht aus einem intensiven Bewusstsein, einem ekstatischen Gefühl, das aufsteigt und uns bald wieder verlässt. Die Tragik der körperlichen Liebe ist diese Unvollkommenheit.

Darum haben sich die Mystiker von ihren Leibern abgewandt und eine Vereinigung gesucht, die zwei Menschen ganz und gar und für immer eins macht. Hatte ihre Suche Erfolg? Ist ihre Vereinigung mit dem Gottmenschen Jesus Christus nicht auch nur ein ekstatisches Gefühl, das vergeht? Gibt es überhaupt eine Vollkommenheit der Vereinigung? Diese Vereinigung mit dem Göttlichen bedarf, das steht fest, auch einer totalen Entblößung, und zwar nicht nur der Kleider, sondern der Gewohnheiten, Zuneigungen und Abneigungen, unnützen Gedanken und Gefühle. Diese Entblößung geht weiter als die Nacktheit der Körper. Ist deshalb diese Vereinigung vielleicht weniger unvollkommen?

Ein Tod, ein Unfall, eine schwere Enttäuschung, ein Misserfolg zerreißen das Gewebe des Lebens. Was vorher normal und selbstverständlich war, ist plötzlich schief, falsch, verzerrt. Nichts stimmt mehr. Die Heimat und unsere liebsten Menschen erscheinen uns fremd. Wir waren doch so zufrieden mit unseren Verhältnissen. Und jetzt das!

Wir beginnen, dem Früheren nachzutrauern. Unsere Erinnerung wirft sich mit Wucht darauf. Wir idealisieren, was nicht mehr ist: die Verstorbenen, die Gesundheit, das Glück, die Lebensorte. Das Gute und Wertvolle liegt plötzlich nur im Gewesenen, die Gegenwart ist ausgefüllt mit wuchernder Trauer. Die Vorstellung von einer erstrebenswerten Zukunft ist blockiert.

Wie ungerecht wir dem Leben gegenüber sind! Eine der wichtigen Übungen, mit denen wir so früh wie möglich im Leben beginnen sollten, ist zu akzeptieren, dass jeder Tag Veränderungen bringt. Wer dies im Innersten begreift, erwartet darum auch nicht, dass ein Zustand – sei es nun Gesundheit oder Krankheit, Glück oder Enttäuschung, Erfolg oder Misserfolg – von Dauer ist. Die Einübung zielt auf eine innere Wachheit und Gelöstheit hin, die mit allem rechnet und nichts für selbstverständlich nimmt. Wenn wir in dieser wachen Bereitschaft leben, spüren wir Dankbarkeit für jeden Augenblick des Glücks, und zwar mit einer Intensität, die uns zuvor unbekannt war.

Wir spüren Trauer für jeden Verlust, ohne jedoch von ihr überwältigt zu werden. Wir unterdrücken die Trauer nicht.

Aber es ist nicht die zerstörerische, ätzende Trauer, die einem Verlust verzweifelt alles noch Verbliebene hinterherwirft. Die Trauer soll helfen, in Würde Abschied zu nehmen. Sie ist die positive Antwort auf die Veränderungen im Leben. Trauern ist eine Kraft, die die Wunde, die Kluft, die uns der Verlust gerissen hat, heilen soll. Sie kann das Gewesene nicht vergessen machen, im Gegenteil: Durch sie soll die Erinnerung an das vergangene Glück oder an eine verlorene Liebe gepflegt werden. Trauer kann uns mit dem Verlust versöhnen, indem sie das Gewesene in eine Perspektive stellt, die unser gesamtes Leben, sogar unsere Schöpfung umfasst. Dann nehmen wir auf neue und unerwartete Weise wieder an der Fülle des Lebens teil.

Trauern braucht aber eines: Zeit. Nur wenn wir uns großzügig Zeit zum Trauern lassen, entfaltet es Heilkräfte. So wie eine Wunde nur heilt, wenn sich die Natur frei des Körpers annehmen kann.

Briefe schreiben

Im Briefeschreiben vereinen sich der künstlerische Wille und der Informationsdrang eines Menschen, um einen Text für diesen einen Briefempfänger zu gestalten. Kraft seiner Form, die zu erreichen Bemühung, Talent und Zeit erfordert, schenkt der Brief dem Empfänger etwas sehr Persönliches.

Ihn zu schreiben hat vielleicht eine oder zwei Stunden gedauert. Der Briefschreiber wählt seine Worte, sie sollen in eine bedeutsame und angenehme Form gegossen sein. Doch der Empfänger brauchte vielleicht nur zwei Minuten, um ihn zu lesen. Das Persönliche ist in diesem Unterschied enthalten. Die eigentliche Währung unserer heutigen Zeit ist – die Zeit. Wer so viel von ihr investiert, um diesem einen Menschen etwas mitzuteilen, muss ihm sehr zugetan sein. Im Brief zeigen sich drei Neigungen des Schreibenden: zum Menschen, zur angemessenen sprachlichen Form und zur echten Kommunikation.

Diese noble Tätigkeit des Briefschreibens ist altmodisch geworden. Heute sind E-Mails rasch geschrieben, rasch beantwortet – ein Tastendruck: wieder gelöscht. Ein E-Mail-Austausch ist beinahe wie ein Gespräch mit Hilfe der Schrift. Ihm haftet alles Vorläufige, Unvollkommene, Ungefähre an, das wir aus Gesprächen kennen. Ein Brief dagegen braucht nicht nur lange, bis er verfasst ist, es dauert auch tagelang, bis er ankommt und gelesen wird. Und wieder viele Tage vergehen, bis eine Antwort geschrieben, verschickt wird und beim ursprünglichen Briefschreiber ankommt. In dieser Zeit warten beide. Jeder wartet mit jenen seltsamen und kostbaren Gefühlen der Vorfreude, der Sorge und Befürchtung. Wie wurde der Brief, wie die Antwort aufgenommen? Reagiert der Empfänger mit der gewünschten Erleichterung, der erhofften Freude? Würdigt er die Bemühung und Sorgfalt, die mit der Währung Zeit bezahlt wurde? Dieser langsam schwingende Rhythmus zwischen zwei Menschen ist zerstört, wenn Briefe von der Sofortkommunikation abgelöst werden.

In Indien verlangt die Höflichkeit und Achtung, dass man

älteren und verehrten Personen nur handschriftlich verfasste Briefe schickt. In der Handschrift offenbart sich umso
differenzierter die Persönlichkeit des Briefschreibers. Sie
macht den Brief einzigartig. Die Handschrift und der Inhalt
verleihen ihm zusammen eine unverwechselbare Würde.
Solche Briefe verlieren viel von ihrem Charakter und ihrer
Aussage, wenn sie etwa in Büchern reproduziert werden. Jedoch in Mappen gesammelt, sind solche Briefe Dokumente
eines Lebens und einer Beziehung – auch noch später, wenn
die Korrespondenten nicht mehr unter uns sind.

schenken

Wenn meine Mutter ein Geschenk bekam, war sie einige
Augenblicke lang hocherfreut und dankbar, aber danach
wurde sie nachdenklich und geradezu besorgt. «Wie kann
ich mich revanchieren?», überlegte sie. Sie plante sogleich
ein Gegengeschenk. Es war ihr beinahe unerträglich, ein Geschenk anzunehmen, ohne ein ebenso kostbares, oder kostbareres, Geschenk zurückzugeben. Sonst fühlte sie sich in
der Schuld des Schenkenden, sonst war ihre Welt nicht im
Gleichgewicht.

Mit dieser Haltung – ist sie nicht typisch für uns Europäer?
– wird der materielle Wert und der Aufwand, das Geschenk
zu erwerben oder anzufertigen, in den Blick genommen.

So viel ist das Geschenk wert. Analog taxieren wir das Maß der Wertschätzung, der Hochachtung des Schenkenden für uns. Das schafft klare Verhältnisse, das erleichtert uns. Aber wird diese Art, Geschenke anzunehmen, tatsächlich dem Geschenk und dem Schenkenden gerecht?

Schenken will eine positive Haltung gegenüber dem Beschenkten ausdrücken. Es signalisiert Werte wie Freundschaft, Liebe, Dank, Anerkennung. Ein mit Bedacht ausgewähltes Geschenk sagt sehr viel darüber aus, wie der Schenkende den Beschenkten einschätzt. So gesehen ist ein Geschenk ein Spiegel, der dem Beschenkten vorgehalten wird.

Schenken will nichts erreichen, es spekuliert auch nicht auf ein Gegengeschenk. Sofort an Revanche zu denken, missachtet darum die Großherzigkeit, mit der wir beschenkt wurden. Es ist, als gäben wir das Geschenk an seinen Geber zurück.

Wer schenkt, offenbart sich; er macht sich darum auch verwundbar. Wenn wir nicht im selben Geist anzunehmen wissen, wie wir beschenkt worden sind, verstoßen wir gegen das grundsätzlich Positive des Schenkens. Das rechte Schenken wird also erst erfüllt durch das rechte Annehmen des Geschenks.

Zum rechten Annehmen gehört zunächst die Haltung des Dankes, der Freude, der Großzügigkeit. So großzügig, wie wir beschenkt wurden, wollen wir auch empfangen. Schenken geschieht in einem Raum geistiger Freiheit, in dem sich zwei Menschen zueinander hingezogen fühlen, sich gegenseitig finden und ihre Gemeinsamkeit durch ein Geschenk bekunden. Beschenken können wir nur unseresgleichen.

Mit einem Buch in der Hand sitze ich in meiner Wohnung am Mittelrhein und lese eine Erzählung über ein indisches Dorf. Das Telefon läutet, ein Bekannter aus New York meldet sich. Ich bin in drei Kontinenten gleichzeitig anwesend. Wenn ich in mein Schreiben vertieft bin, erschreckt mich der Laut des Telefons, mag er noch so sanft sein. Wenn ich frage «Hallo?», verstehe ich sekundenlang nicht, wer sich am anderen Ende der Leitung gemeldet hat, auch wenn ich den Namen gehört habe. Die Stimme des Menschen, der so nah an meinem Ohr ist, prallt zunächst von meiner inneren Welt ab.

Ist es geistig gesund, Länder und Kontinente zu überspringen, um mit Menschen Gespräche zu führen, die in unterschiedlichen Zusammenhängen leben, deren Freiheiten und Zwänge, Probleme und Spannungen, deren Fröhlichkeit und Trauer derart unterschiedliche Quellen haben? Können wir uns verstehen?

Die Gleichzeitigkeit des Telefongesprächs entsteht einzig durch die Stimmen, deren Ton oft sogar verzerrt und verschwommen ist. Der Gesichtsausdruck und der Körper, die auch so viel aussagen, bleiben verborgen. Wären sie zu sehen, könnten wir Wort und Ton genauer interpretieren. Wenn wir wenig von dem anderen wissen, lassen sich am Telefon nicht alle Regungen aussprechen und nicht alle Fragen stellen.

Unsere Phantasie verlangt, den Körper und seine Bewegungen, die zur Stimme gehören, zu sehen. Sie suggeriert mir zwar, ungewollt, das Aussehen des Menschen, doch wenn ich den Unbekannten später sehe, bin ich häufig erstaunt, wie sehr die Phantasie geirrt hat. Darum lässt sich einem Menschen, den wir nie gesehen haben, am Telefon fast nichts anvertrauen. Wir brauchen seinen Körper, seinen Blick, seine Gesten, um ihn kennenzulernen.

Dennoch, welch ein Geschenk der Technik! Der verschwommene Ton der Stimme genügt oft, dass spontan eine alte Vertrautheit entsteht. Der Austausch der Informationen ist dann weniger wichtig als die Schwingungen der Stimme und die Eigenart der Worte. Dieser altbekannte Klang erwärmt uns, erneuert Freundschaften, weckt Erinnerungen: dieses Lachen, dieses Räuspern, das Verstummen in bestimmten Situationen – über Tausende von Kilometern hinweg trägt diese physikalisch messbare Frequenz der Stimme die Geheimnisse eines Lebens und einer Beziehung an unser Ohr.

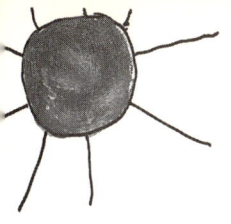

VIII

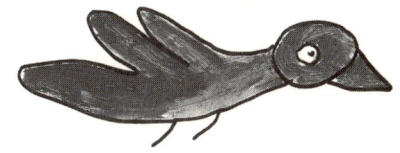

suchen

Wir suchen, wenn wir eine Vorstellung von dem haben, was wir zu finden hoffen. Wir haben etwas verloren oder verlegt; vielleicht suchen wir ein Wort, das uns nicht einfällt, oder einen Namen. Im Geschäft suchen wir eine passende Hose oder ein hübsches Sommerkleid. Wir suchen täglich etwas, ständig sind wir auf der Suche. Unsere Gedanken und Erwartungen sind nach vorn gerichtet wie Läufer, die mit vorgebeugtem Oberkörper rennen und rennen. Hielten sie inne, würden sie vornüberfallen. Wir suchen Menschen – nette Kollegen, hilfreiche Chefs, Freunde, Menschen zum Plaudern, zum Wandern, zum Aussprechen, zum gemeinsamen Theaterbesuch. Wir suchen Orte, an denen wir uns wohlfühlen; Zeiten, die uns Entspannung geben. Wir suchen Ideen, Konzepte, Phantasien, Geschichten. Wir suchen und suchen und können nicht aufhören zu suchen. Dieses Vielfältige unserer Suche ist gar nicht mehr konkret, wir haben keine inneren Bilder mehr von dem Gesuchten. Wir suchen, ohne zu wissen, was. Wir suchen weiter in dem mechanischen Glauben: Wenn wir «es» gefunden haben, werden wir wissen: Das ist es! Dieser Glaube treibt uns vorwärts.

Doch wir erreichen niemals diesen Punkt, nach dem wir so lange streben, an dem wir sagen können: Das ist es! Unsere Wunschvorstellungen, so unklar sie zunächst waren, gewinnen keine Klarheit durch die vielen Ziele, an denen wir schon angekommen sind. Lebenserfüllung stellt sich nicht ein, weil wir weiterrennend mehr erwarten. Es entspricht unserem Wesen, unser Leben immer noch besser leben zu wollen. Zu keiner Zeit glauben wir, das Ganze unseres Lebens in Händen zu halten.

Wie eine Blume, die, solange sie lebt, nach Licht strebt, wie Wurzeln eines Baumes, die, solange sie lebendig sind, Wasser suchen, ebenso wollen wir eine immer umfassendere Lebenserfüllung. Das macht uns arm.

Es ist gut, nach der je tieferen Erfüllung zu streben. Besser ist jedoch, anzuhalten, sich gerade hinzustellen, umherzublicken und in uns zu sehen und zu sagen: Das ist es! Was ich erreicht habe, was ich bin, das ist – in diesem Augenblick – Erfüllung. Besser ist zu sagen: Ich habe gefunden – immer neu gefunden. Noch besser ist es, zu feiern, dass wir gefunden haben und was wir gefunden haben. Und zu wissen: Wenn ich nicht mehr weitersuchen muss, ist die größte Erfüllung da.

Danken und Bitten sind so alltägliche Tätigkeiten, dass sie uns keines Nachdenkens wert erscheinen. Von Kindheit an wurde uns eingeprägt, höflich «danke» und «bitte» zu sagen. Sie gelten als die Zauberworte, die uns die Tür zur feinen Gesellschaft öffnen. Doch scheint es oft, «danke» heiße nur: «Halt! Ich hab genug!» Oder Dank sei nichts als der opportunistische Hinweis darauf, dass man bald wieder um etwas bitten wird.

Dagegen bedeutet zu danken als Erstes ein überzeugtes «Ja» gegenüber einem Menschen und zu dem, was wir erhalten haben. Ins Allgemeine und Symbolische geweitet, ist Danken die Bejahung und Anerkennung der Existenz jener Menschen, die geben, und jener Dinge, die uns gegeben werden. Danken ist, noch weiter gefasst, die Bejahung der belebten und unbelebten Schöpfung: «Danke, dass ihr seid!»

Wir nehmen Geber wie Gabe in unseren Lebenskreis auf, dulden sie wenigstens eine Zeitlang in unserer Nähe und lassen sie sogar in unserem intimen Bereich von Geschmack, Gewohnheit, Gefühl zu. Dadurch wird Danken zu einer Herausforderung an unseren Willen und an unsere Fähigkeit, etwas Neuem gerecht zu werden; das heißt, die Absichten des Gebers zu achten, ebenso, wie Sorgfalt bei der Benutzung der Gabe zu lernen.

Danken verpflichtet ebenso wie Bitten, ein Dank kann darum nicht leichthin ausgesprochen werden. Durch den Dank heben wir das Materielle auf eine geistige Stufe. In der materiellen Gabe sind die Gedanken des Gebers aufgehoben, oft geheime, oft unbewusste Gedanken. Wir sehen uns der Gabe wie einem Rätsel gegenüber. Was soll es ausdrücken? Von der Antwort – oder von unserer Ahnungslosigkeit – hängt die Art unseres Dankens ab. Die Gedanken des Gebers umhüllen die Gabe wie einen Nebel oder wie einen Glanz und greifen nach uns.

Wir müssen darum auch die Geistesgegenwart und Kraft besitzen, die Gabe womöglich abzulehnen, um nicht danken zu müssen. Einem unangenehmen Menschen zu danken schwächt uns. Für ein maßlos großzügiges Geschenk können wir nur mit Beschämung danken. Wenn der Opportunismus klar sichtbar ist, heißt annehmen und danken schon eine halbe Einwilligung in die Händel, die bald folgen werden. In solchen Fällen würde uns Dank unsere Freiheit stehlen.

Abschied nehmen

Es erschüttert uns jedes Mal, wenn wir Menschen, mit denen wir viele Tage zusammen gewesen sind, plötzlich nicht mehr sehen. Abschied, heißt es, ist ein kleiner Tod. Bedeutet Abschied also ein Wechsel vom Sein zum Nichtsein? Aber nur die Sinne nehmen nicht mehr am Sein des geliebten Menschen teil. Wir sehen und hören ihn nicht mehr, können ihm nicht mehr die Hand geben. Warum tröstet es uns, kaum zu wissen, dass der Verabschiedete doch noch «da ist» – nur eben nicht vor unseren Augen?

Gegen unsere Sehnsucht, immer mit unserem geliebten Menschen zusammen zu sein, protestiert die Zeit. Ihr Wesen ist die Veränderung, sie regiert Ankunft, Gegenwart und Abschied der Menschen. Der Buddha war sich bewusst, dass Veränderung die schwankende Basis des Lebens ist und dass gerade dies Leid schafft. Er sann darauf, das Leid zu überwinden, indem er die Zeit überwand. Wie soll das möglich sein?

Es ist möglich, indem wir unsere Sinneswahrnehmungen, die uns einen unaufhörlichen Wechsel im Fluss der Zeit veranschaulichen, nur als eine Möglichkeit des Erlebens annehmen. Die zweite Ebene ist eine zeitenthobene, unveränderliche Gegenwart. Sie als Möglichkeit auch nur zu erwägen, kann uns erschrecken. In Wirklichkeit aber ist sie tröstlich, erleichternd, köstlich. Wir kommen ihr am nächsten im Schlaf, in Gebet und Meditation, in der Muße, in Glücksmomenten und in Momenten höchster Konzentration oder Anstrengung. Dann schnurrt das Empfinden des Zeitflusses zu einem ewigen Augenblick zusammen, dann bekommen wir eine tiefe Ahnung davon, was uns nach dem Tod erwartet. Dann empfinden wir das Gleiten aus der Zeit heraus als ein Labsal.

Ein solches Erlebnis steht uns allen offen, wir müssen es nur ohne Angst annehmen können. Die Frucht einer solchen Ahnung ist, dass das Vergangene wie das Zukünftige ihre allzu große Macht über uns verlieren. Die Vergangenheit bedrängt uns nicht mehr mit ihren Fehlern und Sünden, Versäumnissen und unerfüllten Wünschen. Die Angst vor der Zukunft wird schwächer. Uns wird klar, dass Vergangenheit und Zukunft im jetzigen Augenblick – geheimnisvoll, jedoch real – präsent sind. Die lustvollen und schmerzlichen Anziehungs- und Abstoßungskräfte vertrocknen allmählich. Gleichmut entsteht. Er bedarf, wie alles Wertvolle, der Einübung. Freude und Schmerz werden uns nicht erspart bleiben, doch überwältigen sie uns nicht mehr. Abschiede bleiben Abschiede, doch wir erfahren sie als Glieder einer langen Kette, in der Abschied und Wiedersehen ineinander verflochten sind. Erst diese Verflechtung gibt der Kette ihre Kraft.

ankommen

Nur wer abgefahren ist, kann auch ankommen. Die Not und die Erwartung, die eine Abreise begleiten, können nur von der Ankunft aufgefangen werden.

Das Geheimnis der Ankunft ist, dass alles neu ist oder neu erscheint. Das kann einerseits frustrierend sein: Alle vertrauten Handgriffe, die kleinen Gewohnheiten, die unseren Alltag angenehm machen, weil wir nicht jedes Mal über sie entscheiden müssen, treten nach der Ankunft außer Kraft. Wohin legen wir den Hausschlüssel? Wie bekommen wir morgens die Tageszeitung? Wo können wir unsere E-Mails lesen und schreiben? Diese und drei Dutzend andere Dinge müssen bedacht und festgelegt und zur Routine werden.

Wenn wir in unsere frühere Umgebung zurückkehren, müssen wir uns erinnern: Wo sind die Lichtschalter? Um welche Zeit kommt der Briefträger? Es kostet Energie, nimmt unser Denken in Beschlag; wir müssen uns erst einen neuen Alltag zusammenstellen.

Anderseits ist das Neue eine Chance: Oft sind wir beim Ankommen von Freude und Erwartung so überwältigt, dass dies schon den Alltag außer Kraft setzt. Wir treffen Freunde wieder. Wir erleben ungewohnte Landschaften und langersehnte Ereignisse. Ankunft ist dann der beglückende Gegensatz zum Alltag, und willentlich übergehen wir die Tagesrituale. Die Freude am Neuen lässt uns die Ankunft wie eine Geburt empfinden.

Eben das ist die Aufgabe des Ankommens: unser Leben neu aufzufassen. Die Herausforderung besteht darin, nicht nur die kleinen Handgriffe neu zu lernen, sondern auch die grundsätzlichen Entscheidungen unseres Lebens wieder zu überdenken. Das Ankommen gewährt uns eine gewisse Freiheit, weil noch nichts festgelegt ist. Wir können wählen. Wir können uns zu Menschen, zu Tatsachen, zu Werten neu bekennen oder uns von ihnen abwenden. Wir erleben sie beinahe wie beim ersten Kennenlernen und können unsere Reflexe und Wertantworten überprüfen. Sind sie gerecht? Entsprechen sie noch unseren Idealen und Hoffnungen?

Wenn wir die Zeit des Ankommens möglichst lang ausdehnen, können wir uns diese Frische der Anschauung erhalten, können schöpferisch leben. Das ist anstrengend, denn der Schwung der Freude und Erwartung wird uns nicht immerzu tragen. Dieses lange Ankommen ist jedoch intensiver und lebenswerter als ein Alltag, über den wir nicht mehr nachdenken.

Nachwort

Als ich im Februar 2008 zum ersten Mal in meinem Leben Rom besuchte und mich mein Freund Jörg Kogel durch die Straßen und Parks führte, kam mir die Idee zu diesem Buch. Wir unterhielten uns mit Abtprimas Notker Wolf, unserem Gastgeber in der Benediktinerabtei San Anselmo, wir hörten uns die Geschichte der Casa di Goethe an, in der Goethe logiert hatte, wir saßen im plüschüberladenen Restaurant, das Thomas Mann oft besuchte. Dabei drängte sich mir das Bewusstsein auf, dass alle Dinge, die uns umgeben, mehr sind als ihr äußerer Anschein. Wir wanderten durch die Gegenwart der Geschichte, und es war ein anderes Wandern, als wenn wir über ein Feld oder durch eine Neubausiedlung gegangen wären. Wir durchquerten ein Beziehungsgeflecht, einen Raum, dicht erfüllt mit den Schwingungen der Dinge, die, je älter sie waren, eine umso komplexere Präsenz erhielten.

Während wir über die Hügel Roms wanderten, begann ich über unsere alltäglichen Tätigkeiten nachzudenken. Der Wunsch wurde stark, ihre Bedeutungen zu erfassen und zu artikulieren. Diese Tätigkeiten haben nicht den Resonanzraum einer langen Historie, doch sie sind erfüllt mit unserer persönlichen Geschichte, unseren Gewohnheiten und intuitiven Wertvorstellungen. Mein Leben lang habe ich versucht, die Tätigkeiten des Alltags behutsam und genau auszuführen, damit sie nicht zur gedankenlosen Routine verkommen. Zudem habe ich über das indische Leben in meiner Umgebung geschrieben und in Essays reflektiert, was indisches Leben für unseren europäischen Kulturraum bedeuten könnte. Persönliche Lebenserfahrungen aufzuschreiben hatte ich mich aber bisher gescheut.

Gewiss, ich habe häufig Tagebuch geführt, Reise-Essays veröffentlicht, in Erzählungen viele Erfahrungen verarbeitet. Ich habe 35 Jahre in Indien gelebt, und oft erwarten Menschen in der Heimat, dass ich dort spirituelle Erfahrungen gemacht habe und dass es mich danach drängt, von einem alternativen indischen Lebensgefühl zu schreiben. Gegen solche Erwartungen habe ich mich stets gewehrt. Doch in jenen Tagen in Rom zerbrachen einige innere Barrieren, und ich hatte plötzlich Form und Inhalt gefunden, mich auszudrücken. Unsere alltäglichen Verrichtungen wollte ich in ihrem un-alltäglichen Wesen darstellen. Nichts Frommes, kein belehrender Zeigefinger, nichts Indisches oder spezifisch Europäisches, sondern ich wollte sachlich mitteilen, was ich überall, wo ich gereist bin und wo ich lebe, erfahren habe. In jenen römischen Tagen entwarf ich schon die ersten Texte, darunter war «Treppen steigen» – jeder Romfahrer wird sich an die vielen Treppen der Stadt erinnern.

Es versteht sich, dass meine indische Lebenserfahrung in diese Sammlung eingeflossen ist. Aber dieses Buch will Indien nicht vorstellen und erklären. Ich gebrauche meine Erfahrungen vielmehr als Anregung für ein Lebensbewusstsein, das in Indien ebenso wie in Europa Geltung hat. Mein

Ziel ist seit jeher, nicht indische Ideen und Lebensgewohnheiten wie Zitate zu übernehmen, sondern die mir wertvollen und notwendig gewordenen davon in den europäischen Lebensrahmen einzuweben. Dabei verändert sich beides, das Indische wie das Europäische, und ein schöpferisches, bedächtiges Leben ist das Ergebnis, das die buddhistische Disziplin der Achtsamkeit pflegt und gleichzeitig die europäische Tugend des Maßes nicht aus den Augen verliert.

Meine Schritte zur Lebenskunst durchdringt insbesondere ein Gefühl für die Sakramentalität des Alltags. Alle, auch die unscheinbaren Tätigkeiten und Dinge weisen über sich hinaus: Sie haben Bedeutungen jenseits ihrer Funktionalität, sie können die Kraft von Symbolen erwerben, sie werden durchlässig für Transzendenz. Diese Sakramentalität hat zwei elementare Aspekte: Zunächst kann alles Kleine wie Große Teil von kosmischen Gegebenheiten werden; so nehmen Sonne und Kerzenflamme Anteil an derselben kosmischen Herrlichkeit: dem Licht. Dazu kommt, dass alles mit allem zusammenhängt; die Bedeutungen von Kleinem und Großem, Wichtigem und Unbeachtetem sind miteinander verwoben und hängen voneinander ab. Nichts ist isoliert vorhanden. Das zu erfassen gibt Trost, wird aber auch zu einer Verantwortung. Ein Bewusstsein für diese Sakramentalität habe ich bei den einfachen Menschen in Indien erlebt, sie hat mich geprägt.

Andere Einflüsse sind die Schriften von Mahatma Gandhi und Rabindranath Tagore. Gandhi besaß eine exzessive Seite, die er nicht zu mildern verstand. Ihm schließe ich mich nur begrenzt an. Tagore dagegen war ausgeglichen und weit, er lebte ständig in Räumen poetischer und sakramentaler Bedeutungen und war unerschöpflich darin, sie zu beschreiben und zu evozieren. Auch die Werte des Yoga wirken in meine Betrachtungen zum einfachen Tun hinein, aber nicht minder europäische Grundbegriffe wie Muße, Verlässlichkeit, Dankbarkeit, Naturverbundenheit, Gleichheit und Nächstenliebe.

Nach den beglückenden Tagen in Rom folgte ein schwieriges Jahr. Ein umfangreiches Buch galt es zu beenden, über dessen definitiven Inhalt ich mir damals noch unschlüssig war; gleichzeitig stand eine beinahe zweimonatige Rundreise mit einer indischen Gruppe durch Deutschland und Österreich bevor, die ich vorbereiten und durchführen musste. Ich merkte, wie ich immer stärker in Unruhe verfiel. Um mir in dieser Zeit einen Halt zu geben, machte ich es mir zur Aufgabe, möglichst jeden Tag einen Text zu schreiben. Das schuf Kontinuität, das war der feste Boden, auf dem ich wieder sicher gehen konnte. Mir wurde deutlich, wie berechtigt meine Vermutung war: Wer in Unruhe gerät, soll sich für kleine, aber unumstößliche Rituale Zeit nehmen. Ich schrieb in Zügen und im Flugzeug, in Hotelzimmern und im Haus von Gastgebern. Ich schrieb in Wien, Santiniketan, Kalimpong, Boppard, wieder in Wien, in Neversdorf, wieder in Boppard und schloss das Manuskript in Santiniketan ab.

Die 44 Essays habe ich in acht Kapitel unterteilt. Schritt für Schritt beschreiben die Themen einen Erkenntnisprozess: Zunächst beginnen wir den Tag (I), um aufzubrechen (II) und anderen Menschen zu begegnen (III). Auf ein Besinnen (IV) folgt ein Innehalten (V) und Kraftschöpfen (VI). Danach machen wir erneute, reifere Begegnungen (VII), die uns schließlich zu erfüllenden und befreienden Sichtweisen (VIII) führen.

Das sind Anhaltspunkte. Jeder Text wirkt auch für sich.

Die Illustrationen wurden Zeichnungen entnommen, die Kinder in den indischen Stammesdörfern Ghosaldanga und Bishnubati gefertigt haben.

Ich danke Herrn Uwe Naumann vom Rowohlt Verlag und meiner Lektorin Frau Marie Harder für den guten Geist der Zusammenarbeit sehr herzlich.

Martin Kämpchen
Santiniketan, März 2009

Spiritualität und Esoterik bei rororo

Mary McFadyen
Heilkraft des Reiki
Mit Händen heilen.
rororo 61400

David Harp/Nina Feldman
Meditieren in drei Minuten
*Die Gefühle verstehen und das
Leben meistern.* rororo 61556

Luisa Francia
Das Gras wachsen hören
*Die spirituellen Fähigkeiten des
Körpers.* rororo 61929

Shakti Gawain. Stell dir vor
Kreativ visualisieren. rororo 61684

Felicitas Waldeck
Jin Shin Jyutsu
*Schnelle Hilfe durch Auflegen der
Hände.*
rororo 61581;
ab Juni 2009 rororo 62530

Der Barfußdoktor
**Handbuch für den gewitzten
Stadtkrieger** *Ein spiritueller Über-
lebensführer.* rororo 61979

Theo Fischer
Wu Wei
Die Lebenskunst des Tao.
rororo 61980

Wu Wei
Fragen und Antworten. rororo 62368

Yu Wei
*Die Kunst, sich das Leben schwer
zu machen*

rororo 62137

Weitere Informationen in der Rowohlt Revue *oder unter* www.rororo.de